Marie-France Farré

LABO ZÉRO CONSO

Réalisez vous-même vos produits cosmétiques et ménagers

Photographies de Florence Akouka

EYROLLES

« Nous n'héritons pas de la terre de nos parents,
nous l'empruntons à nos enfants. »

Antoine de Saint-Exupéry

À mes enfants, Garance, Thiéfaine et Doriand,
mes rayons de soleil,
qui stimulent chaque jour mon esprit et ma créativité,
tout en cultivant mon optimisme.

SOMMAIRE

AVANT-PROPOS

Avant d'avoir mon premier enfant, mon travail dans le domaine du marketing consistait durant de nombreuses années à créer des désirs inutiles chez les gens. L'objectif ? Leur faire acheter des produits dont ils n'avaient pas vraiment besoin. Le secret des ventes ? Une bonne communication. On s'amusait alors à remarketer des produits comme de véritables innovations, démontrant que notre dernier-né révolutionnerait leur vie... Peu importaient les moyens, priorité aux résultats : vendre toujours plus et se différencier des autres industriels...

Premier enfant, premiers questionnements

Quand j'ai appris que j'étais enceinte pour la première fois, j'ai commencé à être beaucoup plus pointilleuse sur la nourriture, basculant vers le bio, comme de nombreuses mamans. Consciente de ma nouvelle responsabilité envers un petit être, je mis un terme définitif à des années d'insouciance et d'ignorance volontaires !

Puis, entendant parler de malformations congénitales, d'autisme ou d'hyperactivité dans les salles d'attente des gynécologues, j'ai continué mon chemin d'apprentie écolo-responsable en réalisant des recherches sur les produits toxiques, la santé, l'habillement ou encore les produits ménagers.

Un grand nettoyage dans ma maison !

Je me souviens qu'un jour, après avoir lu les conséquences de l'utilisation des parabènes et du bisphénol A sur les bébés, j'ai passé une soirée entière à trier et à jeter tous les produits cosmétiques de notre salle de bain. Adieu produits de synthèses et autres molécules issues de l'industrie pétrochimique ! J'ai soudainement réalisé que si j'appliquais ce genre de molécules sur ma peau, elles finiraient par passer la barrière placentaire. Donc, bannir l'utilisation de ces produits revenait tout simplement à éviter d'empoisonner mon bébé.

Seulement voilà, il fallait tout de même continuer à sentir bon et à être propre... Habitant alors en Turquie, je n'ai pas eu d'autres choix que de fabriquer mes produits ménagers et cosmétiques moi-même puisqu'à l'époque, en 2008, on ne trouvait pas de produits labellisés bio à Istanbul.

*Cela m'a paru si simple, ludique et économique que je ne suis jamais revenue en arrière ! On se rend d'ailleurs vite compte que pour désinfecter, faire briller et nettoyer sa maison, il est inutile et même dangereux d'utiliser tout un panel de produits détergents vendus en grande surface. Certains sont **corrosifs**, **irritants** et **dommageables** pour notre santé et celle de nos enfants. Sans compter les éventuels accidents domestiques (inhalation, éclaboussure, ingestion)...*

Benzisothiazolinone, oxyde d'éthylène, HICC, sodium hydroxyde, polymères : ces noms vous disent-ils quelque chose ? Ce sont des produits dangereux pour l'environnement, réputés cancérigènes ou pouvant avoir des effets toxiques très graves sur la peau ou sur les yeux. Pourtant, ils restent présents dans de nombreux détergents lambda. Marine Jobert et François Veillerette, dans leur livre **Perturbateurs endocriniens, la menace invisible**, *nous rappellent tristement que « 35 millions de substances chimiques sont actuellement disponibles à la vente dans le monde ». Ils ajoutent que « la quasi-totalité de la population mondiale a un ou plusieurs perturbateurs endocriniens détectables dans son corps ». Édifiant, non ? Une étude réalisée en 2013 par Noteo Institut établit que ces perturbateurs endocriniens (PE) se retrouvent le plus souvent dans les produits d'hygiène et de beauté (40 % en contiennent).*

Le mouvement ***Générations Cobayes***[1] *rappelle d'ailleurs tristement sur leur site web que ces PE sont associés à toutes les maladies chroniques modernes en pleine expansion : cancers hormonodépendants, syndromes métaboliques, troubles neurocomportementaux, atteintes à la fertilité et l'appareil de reproduction. Greenpeace fait le même constat à travers son* **Guide Cosmétox**[2] *et démontre que la chimie industrielle est trop envahissante.*

Pourquoi, malgré la connaissance de ces substances nocives sur le plan sanitaire ou même environnemental, autant de foyers continuent-ils à les utiliser ? Peut-être par manque de transparence de la part des fabricants… D'ailleurs, combien d'entre nous sont aujourd'hui capables de déchiffrer la composition des produits ménagers ou des cosmétiques ? Dans un des dossiers de **60 millions de consommateurs**[3], *il est mis en avant que de nombreuses molécules présentes dans les produits d'entretien sont hautement allergènes. « Plus les bactéries, germes et virus sont éliminés de nos environnements (avec de l'eau de Javel par exemple), moins notre système immunitaire combat certaines maladies », précise le journaliste qui a signé l'article.*

Autant de bonnes raisons pour sortir de notre zone de confort et changer nos habitudes. N'ayons pas peur de revenir à des choses plus simples, soyons curieux et arrêtons de nous faire prendre pour des pigeons ! Bref, arrêtons d'encombrer nos placards de flacons inutiles, devenons un consomm'acteur minimaliste… Nous n'en tirerons que des bénéfices !

Maintenant que vous savez, que comptez-vous faire ?

Il suffit d'adopter la slow cosmétique et revenir à l'usage de produits plus minimalistes. Ce livre est là pour vous montrer que c'est finalement assez simple de fabriquer ses produits de soin ou ses produits ménagers soi-même. C'est ludique, très économique et surtout très écologique !

Sept générations

Les Iroquois considèrent que nous devons, pour chaque décision à prendre, considérer l'impact que cela va avoir sur les sept générations à venir[4] (sur les 140 prochaines années plus précisément). En raison du réchauffement climatique et de la disparition des espèces animales, voici un concept qu'il nous faudrait appliquer à la lettre : pour chaque achat, pour chaque décision, pour chaque acte ou geste, nous devrions nous questionner sur l'impact que cela va avoir sur la Terre, sur les animaux, sur l'eau et sur l'air pour les générations futures.

(1) www.generationscobayes.org
(2) www.greenpeace.org/belgium/Global/belgium/report/2010/2/guide-cosmetox.pdf
(3) N° 518, septembre 2016
(4) Seventh-Generation Stewardship

Oubliez tous les produits chimiques polluants pour l'environnement (et les Hommes), toujours vendus avec de belles promesses marketing et des emballages plastiques dont on se passerait bien. Les produits naturels faciles à réaliser font aussi bien l'affaire !

Limiter nos déchets, refuser l'utilisation des polluants et d'éléments non biodégradables dans nos produits d'entretien et cosmétiques : tout cela est un bon début pour se responsabiliser vis-à-vis des générations futures, agir au quotidien et limiter notre impact sur l'environnement.

Ce livre est donc là pour vous guider, vous informer et finalement vous aider à vous désinformer.

Les recettes proposées dans cet ouvrage vous permettront de devenir acteur de votre bien-être, d'incarner fièrement le changement et vous découvrirez le plaisir de tout créer vous-même ! Ainsi, j'ai voulu qu'elles soient simples, accessibles, et optimisées en termes de coûts.

Allez plus loin !

N'hésitez pas à personnaliser les DIY proposés ici pour en faire des recettes uniques. Modifiez certains ingrédient, variez les huiles essentielles ou encore alternez les huiles végétales. Vous verrez, vous prendrez beaucoup de plaisir à jouer à l'apprenti laborantin durant votre temps libre, seul(e) ou en famille.

Maintenant assez parlé, il est temps de passer à l'acte : votre beauté et votre santé vous appartiennent, prenez-les en main !

MON ÉQUIPE D'EXPERTES...

Tout au long de la rédaction de ce livre, j'ai contacté plusieurs spécialistes afin d'échanger et de prendre conseil. J'ai la chance, grâce à mon métier de naturopathe, de rencontrer et de travailler en collaboration avec de nombreux thérapeutes et de professionnels soucieux de la protection de la nature et de l'environnement.

Je vous présente donc l'ensemble des expertes qui ont donné leurs avis et conseils dans ce livre et qui ont participé activement à l'écriture de ce dernier.

Alexandra Chopard, *docteure en pharmacie, journaliste santé*

Blandine Marck, *esthéticienne et gérante d'un institut de beauté utilisant des produits cosmétiques bio (71)*

www.institut-naturalis-beaute.com

Sophie Geoffroy, *réflexologue certifiée Ingham® à Cuisery (71)*

facebook.com/bandsogoodness/

Estelle Hutin, *naturopathe spécialisée en périnatalité à Nice (06) et à distance*

www.maman-nature.fr

Sabrina Delantin, *docteure en pharmacie et aromathérapeute à Charnay-lès-Mâcon (71)*

www.facebook.com/sabrina-delantin-phytoaromathérapie

Céline Fertet, *étiopathe à Tournus et Mâcon (71)*

www.etiopathe-fertet-71.com

Myriam Guyonnet, *cogérante d'un salon de coiffure utilisant des gammes naturelles à Tournus (71)*

Les produits de base et matières premières

De nombreux composants écologiques et naturels entrent dans la composition des recettes proposées dans ce livre. Je vous propose donc dans un premier temps de vous familiariser avec eux...

L'aloe vera

Riche en minéraux, en enzymes et en vitamines, l'aloe vera est un véritable trésor de la nature ! Issu du cœur de la plante, ce gel a des vertus cicatrisantes, apaisantes, purifiantes, régénérantes et hydratantes, pour la peau comme pour les cheveux. On peut se le procurer directement sous forme de plante et en coupant ses feuilles, ou bien l'acheter sous forme de gel en magasin bio, en pharmacie ou sur des sites spécialisés. Vérifiez alors qu'il soit bien naturel et le plus concentré possible en aloe vera.

L'argile

L'argile médicinale est un remède naturel vieux comme le monde ! Les tubes prêts à l'emploi sont idéaux pour s'initier à son utilisation. Une fois familiarisé avec ce minéral, autant l'acheter en poudre : l'argile ultra-ventilée est parfaite pour les soins du visage ou le dentifrice maison, l'argile surfine peut convenir pour les masques du visage ou en application sur certaines parties du corps.

Riche en silice, en magnésium, en calcium et en sels minéraux, l'argile est donc non seulement un produit cosmétique efficace, mais aussi hyper économique.

L'argile verte *illite ou montmorillonite est excellente pour les peaux mixtes à grasses grâce à ses propriétés cicatrisantes, purifiantes et équilibrantes.*

L'argile blanche *kaolin convient mieux aux peaux sèches, irritées ou sensibles. C'est l'argile la plus douce. Apaisante et cicatrisante, elle décongestionne, convenant bien aux peaux matures.*

L'argile rouge *a des propriétés réparatrices, anti-inflammatoires et apaisantes, redonnant de l'éclat aux teints ternes et fatigués.*

Bon à savoir !

Il est indispensable d'utiliser des ustensiles en bois, en céramique ou en verre quand vous préparez un produit à base d'argile, car l'interaction entre les ions du métal et ceux de l'argile font perdre ses propriétés à cette dernière.

Le bicarbonate de sodium ou de soude

Le bicarbonate est un produit naturel qui peut être obtenu à partir de gisement de natron, de trona ou en traitant les eaux saumâtres. Il est 100 % écologique, biodégradable et n'a aucune toxicité pour notre santé. Il s'achète en pharmacie, en supermarché, dans les magasins de bricolage, dans toutes les drogueries ou boutiques bio. Désinfectant, il permet de nettoyer, récurer, laver, polir, désodoriser, cuisiner, assainir… C'est un agent dessiccatif et, vous l'aurez compris, très polyvalent ! Utilisé dans la lessive, il sert aussi de désodorisant, ravive les couleurs et évite l'accumulation de calcaire sur les tissus.

On distingue trois qualités de bicarbonate, un produit multiusage universellement connu :

- *le plus polyvalent, le* **bicarbonate alimentaire** *est parfait pour entrer dans la composition de certaines recettes de cuisine, dans les cosmétiques ou produits d'entretien faits maison ;*
- *le* **bicarbonate technique***, moins pur que le bicarbonate alimentaire et donc plus abrasif, peut être utilisé dans les produits d'entretien, pour le bricolage ou pour le jardinage ;*
- *le* **bicarbonate pharmaceutique***, le plus cher des trois, est destiné principalement à des fins médicales.*

La cire d'abeille jaune

100 % pure et naturelle et issue des ruches, elle nous fait fondre de bonheur par son odeur délicate de miel ! Elle permet d'épaissir les baumes et de stabiliser les émulsions. Si vous êtes végan(e), vous pouvez la remplacer sans problème par des cires végétales (cire de soja, de candelilla, de riz...). Préférez-la bio et en paillettes, elle n'en sera que plus facile à doser, notamment pour vos recettes de baumes !

Les cristaux de soude

Beaucoup plus forts que le bicarbonate de sodium mais tout aussi naturels, les cristaux de soude sont de puissants désinfectants. Ils dégraissent et permettent de laver de nombreuses surfaces (plan de travail, plaques de cuisson, évier, W.-C., etc.). À manipuler avec précaution, avec des gants, et à ne pas laisser à la portée des enfants.

L'eau de chaux

L'eau de chaux est une solution obtenue grâce au mélange de la chaux aérienne avec de l'eau (on parle de solution saturée d'hydroxyde de calcium). Pure, elle peut être corrosive pour la peau, d'où la nécessité de la ranger hors de la portée des enfants. Mélangée à des huiles végétales, elle permet d'obtenir des liniments doux et faciles à appliquer pour nettoyer le visage ou les fesses d'un bébé. Elle s'achète en pharmacie ou en magasin bio.

Les huiles essentielles (HE)

Les HE sont avant tout un concentré d'actifs naturels très puissants, possédant en moyenne 200 principes actifs ! Ce sont des extraits de différentes parties de plantes (écorces, fleurs, feuilles, entre autres) qui se présentent sous forme de substance liquide, volatile, huileuse mais non grasse.

Elles s'utilisent essentiellement en diffusion (olfaction), en massage (application cutanée), dans les bains et parfois par voie orale (dans un **miellat** aromatique, diluées dans de l'huile végétale ou sur un comprimé neutre par exemple). Elles entrent dans la composition de nombreux produits écologiques (produits d'entretien et cosmétiques naturels).

Conservation

Les huiles essentielles se conservent en moyenne 5 ans (selon la date de péremption légale mais bien plus longtemps en réalité si elles sont conservées dans de bonnes conditions), à l'abri de la chaleur et de la lumière, dans un petit flacon en verre brun et au bouchon bien refermé.

Il est important de les choisir de qualité, 100 % pures, naturelles et si possible certifiées bio. L'étiquette doit comporter le nom français de la plante dont est issue l'huile essentielle, son nom latin (le genre et l'espèce), la partie de la plante utilisée, la provenance et le chémotype (carte d'identité de la plante qui permet de différencier des HE de plantes botaniquement identiques mais de compositions, et donc de propriétés, différentes). Fiez-vous au label HECT (huile essentielle chémotypée) ou HEBBD (huile essentielle botaniquement et biochimiquement définie), qui sont des gages de qualité.

On parle généralement d'essence quand il s'agit d'huile essentielle de zeste d'agrumes (citron, mandarine, orange) car le mode d'extraction est différent (expression et non distillation).

Les huiles essentielles sont très puissantes et peuvent être toxiques si vous ne respectez pas les doses recommandées. Quand il est écrit une goutte, c'est qu'une goutte suffit ! Veillez donc à respecter scrupuleusement les quantités données dans les recettes de ce livre.

Les huiles essentielles ne sont pas solubles dans l'eau. Dans certaines recettes, il est donc nécessaire de les rendre solubles afin qu'elles se mélangent bien au reste des ingrédients. On utilisera dans ce cas précis un produit dispersant naturel comme le miel, l'alcool, le gel douche ou le lait en poudre.

Précautions d'usage

Avant de les utiliser dans les produits ménagers, assurez-vous de ne pas présenter d'allergies. Faites un test facile : déposez une goutte d'huile essentielle (non dermocaustique) sur le pli de votre coude, et attendez 24 heures pour voir si votre peau la supporte bien.

Ne les utilisez pas sur les enfants de moins de 3 ans, les femmes enceintes ou allaitantes, ou encore les personnes présentant des problèmes de santé (épilepsie, asthme, allergies, etc.). Attention aussi aux animaux domestiques comme les chats, très sensibles aux huiles essentielles.

Veillez à toujours tenir les huiles essentielles hors de la portée des enfants. En cas de doute, prenez conseil auprès d'un pharmacien ou d'un aromathérapeute.

Certaines huiles essentielles sont photosensibilisantes comme les essences d'agrumes. Appliquez sur la peau au moins 8 heures avant une exposition au soleil. Attention aussi aux huiles essentielles dermocaustiques (donc irritantes pour la peau comme la cannelle de chine, l'HE d'origan, de clou de girofle ou d'ajowan).

Voici quelques huiles essentielles et essences incontournables, citées dans cet ouvrage :

L'huile essentielle de ravintsara *(**Cinnamomum camphora**) est antibactérienne, antivirale et est un puissant antiparasitaire cutané et intestinal. Elle permet aussi de retrouver un certain équilibre nerveux.*

L'huile essentielle de tea tree ou arbre à thé *(**Melaleuca alternifolia**) est très polyvalente : un anti-infectieux puissant, mais aussi un excellent antiseptique et antifongique.*

L'huile essentielle de géranium rosat *(**Pelargonium x asperum**), astringente cutanée et cicatrisante, est aussi antibactérienne. C'est un bon répulsif pour les moustiques et les poux.*

L'essence de citron *(**Citrus limonum**, zeste), une huile essentielle antiseptique, est un bon régulateur du système nerveux. Tonique, cette essence facilite la digestion.*

L'huile essentielle de menthe poivrée *(**Mentha x piperita**) est une huile essentielle tonique et stimulante. Elle apporte un effet de froid et rentre donc dans la composition de certaines huiles de massage. Elle permet de décongestionner certaines parties du corps (la tête par exemple lors de migraine).*

L'huile essentielle de lavande officinale ou lavande fine *(**Lavandula officinalis**), connue pour ses propriétés anti-inflammatoires, est calmante et apaisante. Elle est aussi cicatrisante et améliore la régénération cellulaire.*

L'huile de coco

100 % pure et naturelle, l'huile de coco a une odeur douce et exotique qui nous rappelle nos dernières vacances à la plage ! Riche en acide laurique (un acide gras saturé), elle est très nourrissante pour les cheveux et la peau et a des vertus antimicrobiennes. Contrairement aux autres huiles végétales, elle a la particularité de se solidifier en dessous de 24 °C. L'huile de coco se conserve dans un endroit sec, à l'abri de la lumière.

Les huiles végétales (HV)

L'huile végétale est un corps gras extrait d'une plante oléagineuse. Il en existe de nombreuses qu'on utilise pour la cuisine, pour sa santé, pour des soins de bien-être (massages) ou comme base pour certains produits cosmétiques. Les huiles végétales dont il est question dans ce livre sont toujours pures et extraites à froid (choisissez-les certifiées bio), ce qui garantit qu'elles sont encore riches en nutriments essentiels et en vitamines. Elles permettent de nourrir et de protéger la peau et les cheveux mais elles sont aussi idéales pour la dilution des huiles essentielles dans certaines recettes.

Ci-dessous quelques huiles végétales utilisées dans ce livre :

L'huile d'argan, une huile aux mille vertus, se révèle être un merveilleux allié pour les peaux dévitalisées. Elle protège contre les agressions extérieures, est réparatrice, régénérante et s'applique aussi bien sur le visage et le corps que sur les cheveux.

L'huile d'olive, extraite à froid, est un aliment beauté, adoucissante, régénérante et antioxydante, riche en vitamines E, qui ralentit le vieillissement cutané. Non allergène, elle remplace tout naturellement l'huile d'amande douce dans la composition du liniment pour bébé.

L'huile d'amande douce, idéale pour les peaux sèches et fragiles, peut être allergisante chez certaines personnes, notamment les jeunes enfants. Dans ce cas-là, remplacez-la par de l'huile d'olive ou de l'huile de noyaux d'abricot.

L'huile de ricin, très épaisse, est riche en acides gras et en vitamines E. Elle est très nourrissante pour les ongles, les cheveux, les cils et la peau.

L'huile de millepertuis, célèbre pour sa couleur rouge, est obtenue à partir des jolies fleurs jaunes d'or de millepertuis, une plante vivace. Elle est apaisante, donc idéale en application sur les brûlures légères ou les coups de soleil. Attention cette huile est photosensibilisante, ne l'appliquez pas sur la peau avant une exposition au soleil.

L'huile de noyaux d'abricot convient aux peaux déshydratées, sèches ou ternes. C'est une huile sèche très pénétrante, qui peut être appliquée sur le visage comme sur le corps.

Les hydrolats ou eaux florales (EF)

Il s'agit du deuxième produit issu de la distillation des plantes par la vapeur douce, le premier étant les huiles essentielles. Les hydrolats sont sans alcool et sans conservateur, et beaucoup plus doux car moins concentrés en composés aromatiques que les huiles essentielles (ils contiennent environ 2 % de composés actifs). On peut donc proposer des recettes de produits à base d'eaux aromatiques pour les enfants sans contre-indication. Les hydrolats s'utilisent par voie externe ou interne. Ils sont par contre beaucoup plus fragiles que les huiles essentielles et se conservent moins longtemps (de quelques mois à un an généralement après ouverture). L'idéal est de les entreposer au frais, à l'abri de la lumière dans un contenant fermé hermétiquement.

Les hydrolats occupent une place privilégiée dans la ***slow cosmétique***, utilisés comme lotion tonique ou apaisante, ou comme base aqueuse pour réaliser un masque (d'argile par exemple). Ils peuvent aussi prendre place dans la composition des crèmes et dans les lotions ou laits corporels maison. Choisissez-les de préférence bio et purs, donc sans conservateur.

Voici quelques hydrolats essentiels :

L'hydrolat de fleurs d'oranger est très doux pour les peaux délicates et favorise l'endormissement chez les adultes comme chez les enfants.

L'hydrolat de lavande fine est cicatrisant, purifiant, apaisant, anti-rougeur et antiseptique cutané, idéal pour les peaux mixtes à grasses.

L'hydrolat de rose est une eau florale vraiment hydratante pour les peaux sensibles ou sèches. Il a des vertus raffermissantes, astringentes, anti-rides et apaisantes.

L'hydrolat de géranium est idéal pour les peaux matures, ayant des propriétés régénératrices et calmantes.

Le percarbonate de soude

Appelé aussi eau oxygénée solide, le percarbonate de soude est un excellent blanchissant et détachant pour le linge. Non toxique pour l'environnement, ce produit permet aussi de désinfecter sans phosphate ni chlore. On le trouve dans tous les magasins bio ou sur les sites marchands spécialisés.

Le savon de Marseille

Qui ne connaît pas le célèbre savon à l'huile d'olive **made in France** en forme de cube ? Choisissez-le à base d'huile végétale, sans colorant, sans parfum ou produits de synthèse et surtout sans huile de palme, comme celui de la maison Fabre ! Il lave tout… ou presque : le corps, les cheveux, le linge, la vaisselle, même les poils de vos chiens ! Ce savon est recommandé par les dermatologues en cas d'intolérance aux savons et bases lavantes de synthèse. Pratique et respectueux de l'environnement, c'est un des produits écologiques phares pour toutes celles et ceux qui souhaitent réduire drastiquement leurs déchets.

Le vinaigre blanc

Appelé aussi vinaigre d'alcool ou vinaigre de cristal, il est LE produit écologique et économe indispensable quand on souhaite faire du ménage écologique et durable. Il désinfecte, nettoie, détache, désodorise… Un vrai couteau suisse ! Il permet aussi de détartrer, de dégraisser et de faire briller. Bref, assurez-vous d'en avoir toujours un stock d'avance chez vous…

La vitamine E

Antioxydant naturel précieux pour lutter contre le vieillissement de la peau, la vitamine E est aussi utile pour prolonger la durée de vie de certains produits cosmétiques comme les baumes ou les crèmes. Elle n'est pas indispensable mais vivement recommandée pour éviter tout rancissement de vos produits de beauté. Elle se présente en flacon ou en capsules molles.

EN MODE ZÉRO DÉCHET...

Choisir de réaliser soi-même ses produits d'entretien ou de cosmétique est un réel acte écologique. Comme le rappelle si bien Béa Johnson dans son livre *Zéro déchet*, pour passer en mode minimaliste, il suffit d'appliquer la règle des 4 R : réduire, recycler, réutiliser et refuser.

Faire tout soi-même implique donc une réduction de nos déchets puisque nous pouvons utiliser les mêmes contenants à chaque fois. Adieu emballages cartonnés inutiles (comme ceux qui surprotègent les tubes de dentifrices), adieu aux flacons en plastique issus de la pétrochimie et non recyclables !

Saviez-vous d'ailleurs qu'en trente ans, nos déchets d'emballages ont augmenté de plus de 500 % ? Plus de 12 % du poids de nos poubelles est constitué uniquement de plastiques[1]. Il est donc temps d'agir et de réduire drastiquement ces montagnes de déchets d'emballages uniques (qui sous-entendent l'utilisation de matières premières rares et non biodégradables). La solution est simple et se résume en un mot : **recyclons !**

Où trouver des contenants ?

Tout d'abord, **regardez dans vos placards !** *Des flacons vides y traînent souvent, comme des vieux sprays pour nettoyer vos vitres ou des pots de crèmes périmées. Il suffit de bien les nettoyer (reportez-vous aux règles d'hygiène en p. 20. N'hésitez pas à détourner les contenants : un petit pot de confiture peut se transformer en un pot de baume ou de crème, un gros bocal en verre peut être réaffecté en un pot de lessive.* **Soyez créatifs** *et n'oubliez pas de déposer quelques étiquettes en papier ardoise sur vos contenants ou en papier recyclé.*

Tout le monde n'étant pas passé en mode zéro déchet, **demandez à vos voisins et amis** *de vous mettre de côté les flacons ou les contenants vides en verre, en métal ou en plastique.*

Enfin, **parcourez les vide-greniers, les ressourceries et les boutiques de seconde main**. *C'est souvent dans ce genre d'établissement ou de manifestation qu'on chine et déniche jolis pots, flacons en verre et vieux bocaux. L'exemple type ? Le bocal* Le Parfait *dont les grands-mères veulent se débarrasser !*

(1) Dominique Glocheux, Sauvez cette planète ! Mode d'emploi*, éditions Marabout, p. 105*

QUELQUES RÈGLES D'HYGIÈNE

Il est primordial de stériliser tout votre matériel d'apprenti chimiste avant la préparation de vos produits faits maison : le plan de travail, vos pots, vos contenants, vos ustensiles doivent être impeccables ! « Sinon, gare aux bactéries, moisissures et levures en tout genre », comme le souligne Alexandra Chopard, docteure en pharmacie.

Soyez donc rigoureux pendant tout le processus de fabrication de vos produits. Tout le matériel que vous utiliserez pour leur préparation doit être réservé à cet usage et rangé à part.

Pour nettoyer vos plans de travail, *utilisez un spray à base de vinaigre blanc, de bicarbonate de soude et d'huiles essentielles. Pour les planches et les ustensiles en bois, utilisez du citron pur et du bicarbonate de soude technique ou alimentaire. En cas de doute, n'hésitez pas à passer la zone utilisée à l'alcool à 90° (vérifiez auparavant que le revêtement le supporte).*

Pour laver les contenants et le petit matériel en acier ou en verre *: stérilisez-les en les plongeant dans l'eau bouillante 10 minutes, sortez-les à l'aide de couverts propres puis déposez-les sur un torchon. Une fois qu'ils sont refroidis, vous pouvez achever de les sécher avec un linge tout juste sorti de l'armoire. Attention à avoir aussi les mains propres, faute de quoi, tout le processus est à reprendre !*

Pour nettoyer les flacons en plastique *: ne les plongez pas dans l'eau chaude, car ils risquent d'être altérés. Lavez-les avec un peu de détergent, rincez-les avec soin, puis faites-les sécher sur un torchon propre. Si le futur contenu est particulièrement propice au développement bactérien, vous pouvez également passer le flacon à l'alcool à 90°.*

Attention !

Même les produits écologiques peuvent être corrosifs, aussi portez des gants avant de manipuler certains produits (comme l'eau de chaux ou les cristaux de soude), et parfois même un petit masque respiratoire. Manipulez les huiles essentielles avec grande précaution. En cas de doute, reportez-vous à la notice écrite sur l'emballage du produit ou aux précautions d'emploi du fournisseur.

Et, dernière chose, pensez bien à vous laver les mains avant chaque préparation des DIY !

Où acheter les matières premières ?

Quand vous avez besoin d'acheter des produits, commencez par vous demander ce que vous pouvez acheter en vrac, sans emballage. Dans certains magasins bio par exemple, il est possible de trouver le savon de Marseille vendu brut. Dans la plupart des pharmacies, il est possible de faire (re)remplir votre flacon d'eau de chaux. Certaines boutiques situées dans les grandes villes ne proposent que du vrac, aussi pensez à vous y rendre avec vos pots et flacons vides et propres !

Si le produit n'est pas vendu en vrac, gardez en tête de :

- *l'acheter en grand conditionnement (1 kg ou plus), vous consommerez ainsi moins d'emballages ;*
- *préférer les produits dont l'emballage est simplifié, en matières recyclables (le carton ou le papier plutôt que le plastique par exemple).*

Si vous commandez sur Internet, privilégiez les sites respectueux de l'environnement qui œuvrent pour un e-commerce plus durable et écoresponsable. Et quand vous le pouvez, achetez local. Les plantes en vrac et les huiles essentielles sont aussi le fruit de petits producteurs, rien de tel que les marchés ou les foires spécialisées pour faire leur connaissance !

Les bonnes adresses

Voici quelques sites d'e-commerce spécialisés pour dénicher tous vos produits de base :

Les huiles essentielles et huiles végétales

www.compagnie-des-sens.fr

www.mademoiselle-bio.com

www.biossentiel.com

www.mondebio.com

www.onatera.com

www.mycosmetik.fr

www.abcdelanature.com

www.huiledericin.fr

Les produits de base (pipette, contenants, argile, savons, bicarbonate...)

www.aroma-zone.com

www.mondebio.com

www.greenweez.com

www.webecologie.com

www.marius-fabre.com/fr/

LA MAISON EN MODE GREEN

De nombreuses substances polluantes et toxiques entrent dans nos intérieurs sans que nous nous en rendions compte. Le mobilier neuf, la moquette, certains produits ménagers émettent en effet des solvants cancérigènes. Ces polluants agissent malheureusement de façon invisible et sournoise, et nous pouvons être exposés de façon continue sans le savoir, jusqu'au jour où la maladie se déclare...

Selon l'Ademe[1], nous passons environ 80 % de notre temps dans des lieux fermés, dont notre logement, aussi il est nécessaire pour notre santé et celle de nos enfants de limiter au maximum notre exposition aux produits toxiques, car l'inhalation de ces substances chimiques peut provoquer sur du court ou du long terme de l'asthme, des allergies, des problèmes cutanés, des migraines, des cancers, etc. Afin d'avoir une maison green et de limiter notre exposition aux polluants, nous pouvons agir sur plusieurs plans :

> En privilégiant le mobilier et les matériaux écologiques. Attention donc aux meubles neufs en agglomérés, aux fenêtres en PVC ou à certaines peintures murales qui émettent des composés organiques volatils (COV). Il est préférable d'acheter des meubles d'occasion ainsi que des peintures et des matériaux écologiques. Et, règle d'or, ne jamais fumer dans la maison !

> En aérant son intérieur de façon journalière. L'air intérieur serait 10 fois plus pollué que celui de l'extérieur. Ouvrir les fenêtres permet de renouveler l'air, d'éliminer l'humidité et d'évacuer les poussières et les polluants. Idéalement, il faudrait aérer toutes les pièces de votre logement entre 5 et 15 minutes par jour (surtout le matin quand l'air est moins pollué ou tard le soir), été comme hiver.

> En entretenant sa maison au naturel, avec des produits dénués de toute toxicité. Si les produits ménagers écologiques faits maison sont tout aussi efficaces que ceux vendus en grande surface, ils comportent les avantages d'être plus économiques et plus sûrs en termes de traçabilité !

Vous verrez dans cette rubrique qu'il n'est pas sorcier de faire ses produits ménagers ! C'est écologique, efficace, pédagogique et beaucoup moins cher à l'usage que les produits industriels. N'hésitez donc pas à faire participer vos enfants à l'élaboration de certaines recettes. Éduquer, c'est aussi montrer l'exemple, transmettre des valeurs et une certaine éthique. Réaliser soi-même ses produits d'entretien est une aubaine pour aborder les thèmes de l'environnement et de la préservation des espèces avec vos amis ou votre famille.

Que de bonnes raisons de s'y mettre !

1. Agence de l'environnement et de la maîtrise de l'énergie

ADOUCISSANT POUR LE LINGE

Parfumer et adoucir le linge tout en facilitant le repassage… c'est bien entendu possible, même avec des produits écologiques ! Faire son adoucissant est un jeu d'enfant et demande peu d'ingrédients. Dites stop aux allergènes et aux pollutions de la faune et la flore.
Pour diversifier l'odeur de votre produit au fil des saisons et des envies, variez tout simplement les huiles essentielles.

Ingrédients

(pour 1 l)

1 l de vinaigre blanc

10 gouttes d'HE de votre choix (lavande fine, patchouli, géranium rosat, etc.)

1. *Versez les gouttes d'huile essentielle directement dans le flacon de vinaigre blanc. Agitez le tout, c'est prêt !*
2. *Versez un verre de cet assouplissant maison dans le compartiment réservé de votre machine à laver, avant chaque lessive, puis lancez votre cycle habituel.*
3. *N'oubliez pas de bien agiter le flacon avant chaque utilisation.*

Astuces

Vous pouvez utiliser du vinaigre blanc parfumé aux écorces d'orange ou de citron. Dans ce cas précis, inutile d'ajouter des gouttes d'huile essentielle. Glissez vos peaux d'agrumes dans un grand pot, puis couvrez le tout de vinaigre blanc. Laissez macérer la préparation une dizaine de jours, puis filtrez.

Il est également possible d'ajouter deux cuillères à soupe de bicarbonate de soude à la recette de base, car cet ingrédient écologique a pour effet de neutraliser les mauvaises odeurs. Cependant, le mélange bicarbonate-vinaigre blanc provoque instantanément un petit geyser ! N'ayez pas peur, mais soyez prévoyant : pensez simplement à ajouter le bicarbonate au vinaigre blanc en plusieurs étapes et à poser le flacon de vinaigre dans une bassine ou un saladier pour récupérer ce qui va déborder…

ADOUCISSANT *linge*

La maison en mode green

ÉPONGE TAWASHI

Avez-vous songé à supprimer les éponges synthétiques de votre cuisine ? Nous en consommons entre 8 et 9 par an alors que nous pourrions bien nous en passer !
Venue tout droit du Japon, l'éponge tawashi permet de recycler vos vieux collants ou les vêtements de vos enfants en une éponge écologique et durable, grâce à un ingénieux travail de tissage. Un DIY rigolo à réaliser en famille pour faire sa vaisselle en mode zéro déchet !

Matériel

1 planche de récup d'au moins 15 × 15 cm

20 clous à bois

1 marteau

1 feutre

1 règle + 1 équerre

*1 vieux collant opaque
ou des vieux tee-shirts d'enfant*

ÉPONGE *tawashi*

1. Préparez votre métier à tisser. Sur la planche en bois, à l'aide de la règle et de l'équerre, tracez au feutre un carré de 14 × 14 cm. Sur un des côtés, placez un point à 3 cm d'un des angles, puis 4 points espacés chacun de 2 cm. Recommencez l'opération sur les 3 autres côtés du carré. Plantez des clous sur chaque point : votre métier à tisser est prêt ! [1]
2. Découpez vos collants ou vieux vêtements en 10 anneaux de 8 à 10 cm d'épaisseur et enfilez ces bandelettes de tissu sur une rangée du métier à tisser. [2]
3. Commencez le tissage avec les anneaux de tissu restant : tissez une fois dessus, une fois dessous, une fois dessus, etc. comme ci-contre. Répétez l'opération jusqu'à ce que tous les anneaux soient placés sur le métier à tisser. [3]
4. Rabattez alors toutes les mailles en passant un anneau dans l'anneau suivant [4]. La dernière maille restera sortie et vous permettra de suspendre votre éponge durable au-dessus de votre évier.

Astuces

Si certains plats sont plus durs à nettoyer que d'autres, comme les plats à gratin, il existe une petite astuce imparable ! Réduisez des coquilles d'œufs en poudre, puis utilisez-les comme « décapant » naturel pour gratter vos plats. Saupoudrez alors cette poudre sur votre vaisselle et grattez le tout avec votre éponge tawashi. Pour vous faciliter le travail, n'oubliez pas cependant de faire tremper votre vaisselle en amont avec de l'eau bouillante et un peu de produit vaisselle naturel (voir cette recette p. 33).

Lessive écologique

Rien de plus facile que de se lancer dans la réalisation d'une lessive faite maison ! Cela permet de réaliser de sacrées économies tout en réduisant ses déchets, mais également et surtout de contrôler la composition souvent altérée et trop chimique de ce produit phare.
Pour renforcer son efficacité, optez pour des balles de lavage en caoutchouc naturel qui vont battre et brasser le linge durant tout le cycle.

Ingrédients

(pour un pot de 2 l)

Une quinzaine de gouttes d'HE (lavande aspi, lavandin, pin sylvestre, ou citron zeste)

50 g de savon de Marseille râpé (à l'huile d'olive et le plus naturel possible)

2 cuillères à soupe de bicarbonate de soude

1 750 ml d'eau

1. Portez l'eau à ébullition.
2. Dans un grand saladier en métal ou en verre, mélangez cette eau avec le savon râpé et le bicarbonate, puis laissez refroidir complètement.
3. Remuez ensuite votre préparation à l'aide d'un mixeur plongeant, puis versez-la dans votre flacon vide à l'aide d'un entonnoir.
4. Filtrez si besoin, notamment s'il reste des morceaux de savon mal dissous.
5. Ajoutez enfin, délicatement, les gouttes d'huile essentielle.
6. Après avoir bien agité le flacon, versez un demi-verre à un verre de lessive (selon le degré de saleté de votre linge) directement dans le bac ou dans le tambour (sur votre linge sale) de votre machine à laver, puis lancez votre cycle habituel.

Bon à savoir

Au fil du temps et selon la température environnante, la lessive peut se solidifier ou se déphaser : pas de panique ! Il faudra simplement penser à bien agiter le flacon avant chaque utilisation et ajouter de temps en temps un peu d'eau chaude à la préparation.

LESSIVE *écologique*

Lingettes nettoyantes pour le ménage

S'il est vrai que les lingettes jetables sont hyper pratiques pour nettoyer toutes les surfaces en un temps record, elles restent nocives et peu convenables en terme d'environnement ! Saturé en produits chimiques et non recyclable, ce produit antinaturel par excellence peut facilement être remplacé par des lingettes en coton, durables et réutilisables à souhait.

Ingrédients

(pour un pot de 1 l)

400 ml d'eau minérale

400 ml de vinaigre blanc

1 cuillère à café de bicarbonate de soude

10 gouttes d'HE de citron zeste ou tea tree

Des carrés de tissus en coton (vieux tee-shirt) de 10 à 15 cm de côté environ

1. Versez le bicarbonate et l'eau dans le pot.
2. Ajoutez délicatement le vinaigre blanc puis mélangez doucement la préparation à l'aide d'une cuillère. Ajoutez ensuite les lingettes jusqu'à ce que le bocal soit rempli. L'opération est terminée !
3. Essorez les lingettes avant chaque utilisation, puis mettez-les à laver une fois utilisées.
4. Quand le bocal est vide, remplissez à nouveau de vinaigre blanc, d'eau et d'HE si besoin, puis ajoutez des lingettes propres en tissu dans le pot afin d'en avoir toujours à portée de main.

Du bon usage...

Ces lingettes vous permettront de nettoyer un plan de travail, la cuvette des W.-C., vos appareils ménagers ou encore des meubles en aggloméré. Est-il nécessaire de préciser qu'elles ne doivent en aucun cas servir à vous démaquiller, vous débarbouiller ou nettoyer les fesses d'un bébé... elles seraient bien trop agressives pour la peau ! Pour se démaquiller, nettoyer son visage ou sa peau, reportez-vous aux recettes de liniments de ce livre, p. 91 ou 114.

Liquide vaisselle

Les puristes vous diront qu'il n'y a rien de plus efficace qu'un bloc de savon de Marseille pour laver sa vaisselle à la main. Si vous avez toutefois du mal à revenir aux méthodes anciennes, cette recette vous permettra de fabriquer un produit doux pour vos mains comme pour l'environnement, très proche du traditionnel liquide vaisselle des supermarchés. Bien qu'il ne mousse pas, il dégraisse, fait briller et parfume d'une agréable odeur citronnée... sans être abrasif pour votre peau.

Ingrédients

(pour une bouteille de 1 l)

25 g de savon de Marseille râpé

1 cuillère à soupe de bicarbonate de soude

1 cuillère à soupe de vinaigre blanc

1 cuillère à soupe de cristaux de soude

20 gouttes d'HE d'agrume (essence de citron, de lemon-grass ou de mandarine)

800 ml d'eau bouillante

1. *Dans un saladier, versez le savon de Marseille râpé puis l'eau chaude, remuez.*
2. *Ajoutez le vinaigre blanc, les cristaux de soude, le bicarbonate et mélangez le tout afin qu'il n'y ait plus de grumeaux de savon, puis laissez reposer la préparation quelques heures.*
3. *Quand le liquide est épais et refroidi, passez le tout au mixeur-plongeur afin d'obtenir une préparation bien lisse.*
4. *Ajoutez ensuite les gouttes d'huile essentielle puis versez le liquide vaisselle dans un grand flacon.*

Bon à savoir !

Il est possible que le mélange se fige, n'hésitez pas dans ce cas à ajouter un peu d'eau chaude et à secouer le liquide avant chaque emploi.

Utilisez une éponge tawashi (reportez-vous p. 26 pour sa réalisation) et des gants écologiques en latex naturel.

Nettoyant pour le sol

Il désinfecte, nettoie et dégraisse… et tout ça sans l'aide de M. Muscle ! Grâce à lui, laver les sols devient un jeu d'enfant et quel bonheur de se dire « c'est moi qui l'ai fait ». Testez sans plus attendre ce produit nettoyant pour les sols (parquets, carrelages, dalles PVC) et chassez les bactéries efficacement, sans produits chimiques, tout en répandant une bonne odeur de frais et de propre dans votre intérieur.

Ingrédients

(pour 1 l)

40 g de cristaux de soude

150 g de savon noir liquide (ou 4 cuillères à soupe bombées de savon de Marseille râpé)

30 gouttes d'HE de votre choix (sapin de Sibérie, lavande vraie, tea tree, citron zeste)

2 cuillères à soupe de vinaigre blanc

800 ml d'eau

1. *Dans un saladier en métal ou en verre, versez l'eau à température ambiante.*
2. *Ajoutez les cristaux de soude et laissez-les se dissoudre, sans mélanger, pendant 20 minutes environ.*
3. *Ajoutez ensuite le savon noir, le vinaigre blanc, les gouttes d'huile essentielle et mélangez bien la préparation. Versez le tout dans une bouteille en verre ou un flacon.*

À chaque nettoyage de vos sols, secouez énergiquement votre flacon puis versez l'équivalent d'un bouchon de ce nettoyant écologique dans un grand seau d'eau chaude.

Ce produit se conserve plusieurs mois à l'abri de la lumière et de la chaleur et permet de faire une douzaine de nettoyages au total.

Astuces

Si vous utilisez ce produit sur sols carrelés, carreaux de ciment, plancher ou sur tomettes, ajoutez à la recette 2 cuillères à soupe d'huile de lin. Cette huile végétale vous permettra de bien nourrir le bois et de faire briller votre carrelage.

Pour parfumer votre sol tout en ayant une action antibactérienne puissante, utilisez de préférence les huiles essentielles suivantes : HE de tea tree, de lavande vraie, de niaouli ou de citron zeste.

NETTOYANT sol

La maison en mode green

NETTOYANT POUR MEUBLES EN BOIS

Pour redonner une deuxième vie au bois, de nombreuses recettes à base de cire d'abeille ou de cire végétale existent. Cependant, le vinaigre blanc et l'huile d'olive font souvent des miracles et permettent, en toute simplicité, de dépoussiérer ce matériau tout en le faisant briller. Avant de vous lancer dans la réalisation d'un baume maison efficace mais complexe, essayez cette recette toute simple et tellement économique ! Ce spray vous permettra de dépoussiérer et de raviver vos commodes, vos têtes de lit, votre table à manger et vos meubles en bois naturel.

Ingrédients

(pour un spray de 500 ml)

1 verre d'eau

1 verre de vinaigre blanc

2 cuillères à soupe d'huile d'olive de bonne qualité (bio, 1re pression à froid)

20 gouttes d'HE de citron zeste ou de cèdre de l'Atlas

1. *Mélangez tous les ingrédients dans un flacon muni d'un spray. Agitez la préparation avant chaque utilisation du produit.*
2. *Pulvérisez cette préparation sur un bout de chiffon, puis frottez le meuble avec douceur.*

Ce produit se conserve 6 mois à température ambiante.

Astuces

Évitez l'utilisation de ce produit sur les planches à découper ou les ustensiles en bois de votre cuisine, car les huiles essentielles vont les imbiber et donner du goût aux aliments. Vous pouvez par contre frotter la surface de vos planches à découper avec un peu de bicarbonate de soude, alimentaire ou technique, et un demi-citron frais. Laissez agir quelques instants puis rincez à l'eau la planche en bois. Laissez sécher à l'air libre.

De temps en temps, en complément de ce nettoyage au bicarbonate, pensez à nourrir le bois avec un peu d'huile végétale comme l'huile d'olive.

NETTOYANT *bois*

NETTOYANT MULTIUSAGE

Un véritable 4 en 1 ! Cette préparation permet en effet de nettoyer toutes les surfaces (salle de bain, plan de travail, W.-C.), de les désinfecter, de les dégraisser et de les détartrer.
Un nettoyant efficace, parfait pour les adeptes du ménage minimaliste.

Ingrédients

(pour un vaporisateur de 500 ml)

1/3 de vinaigre blanc

2/3 d'eau

1 cuillère à soupe de bicarbonate de soude

2 cuillères à café d'HE (au choix : citron zeste, lavande vraie, tea tree ou eucalyptus radié)

1. *Dans un flacon muni d'un spray, versez doucement tous les ingrédients dans cet ordre : vinaigre blanc, eau, bicarbonate et gouttes d'huile essentielle.*
2. *Secouez légèrement le tout avec le bouchon fermé. C'est prêt ! Vous n'avez plus qu'à vous armer de votre vaporisateur pour venir à bout de la cuvette des W.-C. comme du plan de travail de votre cuisine ou vos meubles de bureau !*

Ce nettoyant multiusage se conserve de nombreux mois à l'abri de la chaleur et de la lumière. Ne le laissez pas à la portée des enfants.

Astuces

Pour nettoyer votre tapis de yoga ou de sport, réduisez les proportions de cette préparation avec 1/2 verre de vinaigre blanc, 1/2 verre d'eau, 5 gouttes d'HE de tea tree et 5 gouttes d'HE de lavande vraie. Dans un flacon doté d'un spray, versez tous les ingrédients, fermez le bouchon puis secouez énergiquement.

Vaporisez cette préparation sur votre tapis à l'aide du spray, puis essuyez avec un chiffon propre. Laissez sécher le tapis à l'air libre avant de l'enrouler pour le ranger.

NETTOYANT *multiusage*

NETTOYANT VITRES

Un peu d'eau, du papier journal et vos vitres vont rapidement retrouver éclat et brillance. Mais à l'heure du tout numérique, un produit avec un chiffon en microfibres devait vous être proposé. Le voici donc ! Avec lui, plus aucune trace de saleté sur vitres et miroirs ! En simplifiant la recette de base, ce nettoyant pourra aussi vous être utile pour essuyer le verre de vos lunettes ou les écrans tactiles.

Ingrédients

(pour un flacon spray de 500 ml)

2 cuillères à soupe de vodka

2 cuillères à soupe de vinaigre blanc

1 cuillère à soupe de fécule de maïs

400 ml d'eau

8 gouttes d'HE de citron zeste

1. Placez tous les ingrédients dans un flacon d'un demi-litre muni d'un spray.
2. Agitez ce contenant quelques secondes en veillant à bien refermer le bouchon.

Vaporisez ce spray nettoyant directement sur vos vitres ou miroirs, puis frottez, en faisant des mouvements circulaires, avec votre chiffon doux et propre.

Agitez le flacon avant chaque utilisation. Ce spray se conserve plusieurs mois, à l'abri de la chaleur et de la lumière.

La fécule de maïs

La fécule de maïs a un effet légèrement abrasif et permet de venir à bout des taches les plus tenaces. Vous pouvez ne pas en mettre dans la recette si vos vitres sont nettoyées régulièrement. L'alcool, quant à lui, viendra booster l'efficacité du vinaigre blanc.

Conseils de l'auteure

Pour nettoyer vos lunettes de vue ou de soleil, évitez de mettre des huiles essentielles dans la préparation.

Par ailleurs, si vous souhaitez nettoyer votre écran d'ordinateur ou de télé, le mélange de base sans la fécule de maïs est parfait. Vaporisez alors le produit directement sur le chiffon.

NETTOYANT vitres

Pastilles Désinfectantes pour WC

Pour nettoyer les W.-C. en y passant le moins de temps possible, un petit coup de pouce est toujours le bienvenu ! Cette recette de pastilles hyper pratiques permet de nettoyer, désinfecter, détartrer tout en apportant une action antibactérienne. Un vrai gain de temps pour vous et une odeur de frais pour vos toilettes !

Ingrédients

(pour une quinzaine de pastilles)

30 gouttes d'HE de lavande vraie, de menthe poivrée et de lemon-grass

95 g d'acide citrique

280 g de bicarbonate de soude

1 cuillère à soupe d'eau plate

Avant de commencer, il est préférable de mettre un masque ou un foulard devant votre bouche et votre nez, car de forts effluves peuvent émaner de l'acide citrique et des huiles essentielles.

1. *Dans un petit vaporisateur, mélangez les 3 huiles essentielles, ainsi que l'eau plate. Secouez le flacon.*
2. *Dans un saladier, versez délicatement le bicarbonate de soude et l'acide citrique, puis mélangez à l'aide une fourchette.*
3. *Vaporisez sur cette préparation un peu du mélange à base d'eau et d'huiles essentielles, mélangez, et répétez l'opération plusieurs fois de suite afin d'intégrer le liquide progressivement. Le mélange ne doit pas mousser. Si c'est le cas, vaporisez moins d'eau. À la fin de l'opération, la préparation doit être humide uniformément.*
4. *Remplissez ensuite des petits moules en silicone ou en inox (bac à glaçons, moules à mini-muffins). Tassez bien chaque compartiment avec une cuillère à café. Laissez quelques heures. Vos pastilles alors durcies seront facilement démoulables.*

Ces pastilles se conservent plusieurs mois dans un bocal fermé hermétiquement.

Bon à savoir !

Vous pouvez utiliser ces pastilles effervescentes écologiques aussi souvent que vous le souhaitez. Il suffit d'en jeter une dans vos toilettes, de la laisser fondre et agir quelques instants. Puis nettoyez avec une brosse si les toilettes sont sales ou tirez directement la chasse.
Attention, les huiles essentielles imprègnent certains contenants, si vous utilisez pour cette recette un moule en silicone ou en plastique, réservez ce dernier uniquement à la préparation de ces pastilles !

PASTILLES WC

POUDRE OU PASTILLES POUR LAVE-VAISSELLE

Les dosettes pour le lave-vaisselle peuvent être efficaces sans pour autant nuire à l'environnement ! Le secret : les faire soi-même, car même écologiques, ces pastilles vendues dans le commerce sont bien souvent présentées dans des pellicules plastiques non hydrosolubles et/ou dans un emballage en carton.
Cette recette, dénichée sur le portail de Consoglobe[1] et légèrement modifiée, est très écologique, économique et laissera la vaisselle propre et brillante.

Ingrédients

(pour une dizaine de pastilles)

100 g d'acide citrique en poudre

160 g de cristaux de soude en poudre

60 g de percarbonate en poudre

20 g de savon de Marseille râpé finement

18 gouttes d'HE de citron zeste ou de tea tree

1. *Mélangez l'acide citrique, les cristaux de soude et le savon râpé.*
2. *Ajoutez délicatement les gouttes d'huile essentielle puis mélangez à l'aide d'une fourchette. Si vous souhaitez obtenir une poudre pour lave-vaisselle, la préparation s'arrêtera là.*

Versez alors la poudre dans un bocal en verre que vous pourrez fermer hermétiquement.

Si vous souhaitez obtenir des tablettes, il vous faudra mouler la préparation.

1. *Effectuez alors 2 à 3 pulvérisations d'eau sur la poudre.*
2. *Remuez délicatement le mélange et versez le tout dans des moules en plastique, en inox ou en silicone.*
3. *Tassez bien le mélange avec le dos d'une cuillère et laissez durcir à l'air libre pendant une heure environ avant de démouler. Les pastilles doivent alors être bien compactes et se démouler facilement. Si elles sont encore un peu molles, augmentez le séchage de quelques heures.*

Placez une dosette dans le bac réservé de votre lave-vaisselle et lancez le programme habituel.

Conservez ces tablettes dans un bocal en verre hermétique.

Attention !

Cette recette de poudre a tendance à durcir si elle est stockée dans un contenant mal fermé ou dans une pièce humide. Il suffira de la gratter un peu avec une fourchette pour lui rendre son allure poudreuse.

(1) www.consoglobe.com/fait-maison-les-dosettes-lave-vaisselle-au-citron-cg

PASTILLES lave-vaisselle

SPRAY DÉSODORISANT MAISON

Les désodorisants d'intérieurs et diffuseurs de parfum en tout genre sont très nocifs, faisant respirer molécules cancérigènes, toxiques, allergènes ou irritantes. Pour les remplacer, les huiles essentielles sont parfaites : certaines de leurs molécules assainissent l'air grâce à de simples diffuseurs, qu'il suffit de brancher quelques minutes par jour. Vous pouvez aussi réaliser votre propre spray assainissant en suivant la recette suivante.

Ingrédients

(pour une bouteille de 250 ml)

230 ml d'eau

4 cuillères à soupe de vodka

20 gouttes d'HE (essence) d'orange douce (zeste)

10 gouttes d'HE de cannelle de Ceylan (écorce)

5 gouttes d'HE de sapin de Sibérie

Autres formules

Pour une sensation de fraîcheur agréable :
30 gouttes d'HE de citron zeste,
5 gouttes d'HE d'eucalyptus citronné

Pour un air fleuri, de campagne :
30 gouttes d'HE de lavande,
5 gouttes d'HE de géranium rosat

Pour un parfum envoûtant :
10 gouttes d'HE de patchouli et d'ylang-ylang,
5 gouttes d'HE de ciste et de géranium rosat

1. *Versez tous les ingrédients dans un flacon.*

2. *Agitez le tout.*

Vaporisez ce désodorisant d'intérieur dans l'air. Attention à ne pas en vaporiser en direction du visage et des yeux, car ce mélange peut être irritant.

Ce spray s'utilise dans les toilettes ou les pièces à vivre.

Conseils de Sabrina, docteure en pharmacie et aromathérapeute

Enfants en bas âges femmes enceintes ou allaitantes ou encore personnes asthmatiques, des restrictions à l'utilisation des huiles essentielles existent ! Lisez bien les consignes en début d'ouvrage concernant leur utilisation. En cas de doute, demandez conseil à un pharmacien ou à un aromathérapeute. De même, soyez très vigilants si vous avez des animaux domestiques, très sensibles aux huiles essentielles et pouvant être incommodés. Préférez les hydrolats, plus doux et très peu concentrés en huiles aromatiques.

SPRAY *maison*

SACHETS DE LAVANDE

Voilà un DIY facile à réaliser, même si vous êtes débutant(e) en couture ! Ces sachets sont très utiles pour éloigner de façon écologique les mites qui aiment grignoter nos pulls ou tee-shirts préférés, permettant également d'upcycler vos vieux vêtements, et de garder une trace de vos imprimés favoris.
Si vous n'avez pas de machine à coudre, vous pouvez parfaitement les réaliser à la main.

Matériel

(pour 8 à 10 sachets)

Des vieux vêtements en coton

Un carré découpé dans du carton de 10 × 10 cm (gabarit)

100 à 150 g de fleurs de lavande séchées

Du fil de coton

1. *Découpez des carrés dans les tissus en vous aidant du gabarit en carton.*
2. *Prenez ensuite deux morceaux de tissu, cousez-les à l'aide de votre machine, endroit contre endroit avec un fil droit en laissant 1 cm de marge.*
3. *Cousez 3 côtés en entier et seulement la moitié du 4e côté.*
4. *Retournez le tissu, repassez le carré si besoin pour bien marquer les angles, puis remplissez ce dernier de fleurs de lavande séchées.*
5. *Refermez ensuite le coussinet de lavande avec un fil, une aiguille et une couture invisible.*

Si vous souhaitez suspendre vos sachets, il suffit de glisser un ruban plié en deux dans un des coins, puis de coudre le tout en veillant à bien le piquer.

Une fois ce DIY terminé, vous pouvez disposer vos sachets dans vos tiroirs, dans vos placards ou sur vos cintres et même dans vos valises !

Astuce

Au bout d'un certain temps, l'odeur de lavande de vos sachets va s'estomper : versez alors tous les deux mois environ quelques gouttes d'huile essentielle de lavande vraie ou de lavandin sur les coussinets afin de faire perdurer leur efficacité.

SACHETS *de lavande*

Produits naturels pour corps sain

« Un corps libre de tension et de fatigue permet d'affronter toutes les complexités de la vie. » La citation de Joseph Pilates nous rappelle combien il est important de prendre soin de son corps. Ce devrait d'ailleurs être la préoccupation majeure de tous les hommes et les femmes, car c'est notre corps qui abrite nos organes, notre cerveau, nos muscles ou encore nos cellules. Mais prendre soin de son corps ne se résume pas à l'enduire d'huile après une journée passée à lézarder au soleil, c'est aussi…

> L'accepter. Accepter que ce dernier change d'apparence après une grossesse, ou en prenant de l'âge. Vivre de façon sereine avec nos petits défauts qui nous rendent tous uniques.

> Lui donner le bon carburant : une nourriture équilibrée, saine, sans pesticides. Des aliments non transformés, riches en vitamines, en minéraux, en oligoéléments et en antioxydants.

> L'hydrater de l'intérieur en buvant de l'eau tout au long de la journée ! Si votre peau est desséchée, cela peut aussi provenir d'une eau trop calcaire ou trop dure, dans ce cas l'installation d'un adoucisseur d'eau peut vous permettre de pallier le problème.

> L'entretenir en pratiquant une activité physique de façon régulière… Le corps est fait pour bouger, ne l'oublions pas. L'activité physique permet d'entretenir nos muscles, nos os et d'oxygéner le corps tout en drainant les toxines vers l'extérieur. Faites du sport votre meilleur allié !

> Le soigner, en choisissant des produits écologiques pour le laver, l'hydrater, le nourrir, etc.

> Faire preuve de gratitude envers lui, le remercier chaque jour de ce qu'il nous permet d'accomplir dans la journée. Lui offrir un sommeil de qualité, des massages, des soins doux et respectueux, et lui donner beaucoup l'amour. La bienveillance commence par des gestes tendres (quand vous appliquez de l'huile par exemple sur vos jambes, soyez attentif à vos gestes) et des paroles positives.

> Prendre soin de votre dos, car c'est votre arbre de vie. « La colonne vertébrale est sollicitée en permanence, quand on marche, bouge, se penche, ou s'assied. Or, si un travail physique excessif peut fatiguer notre dos, la sédentarité ne l'épargne pas non plus. Il est donc indispensable de s'étirer, de faire du sport, bref : de bouger afin de conserver souplesse et mobilité. De plus, il est important de ne pas laisser s'installer dans le temps les tensions et les lésions que notre quotidien, pas toujours adapté, peut nous infliger. Plus une lésion est ancienne, plus elle est difficile et longue à traiter. En cas de douleur de dos persistante, mieux vaut ne pas attendre plus longtemps et consulter. Les thérapies manuelles sont très efficaces et permettent, sans effets secondaires, de rééquilibrer la colonne et ainsi repartir sur de bonnes bases », nous rappelle si justement Céline Fertet, étiopathe.

Déodorant solide

De nombreux produits suspects se cachent dans nos déodorants, notamment l'aluminium qui peut, selon des scientifiques, provoquer à la longue des cancers du sein. Aussi, autant éviter les sels d'aluminium présents dans les déodorants en spray, en stick ou en roller et fabriquer son déodorant soi-même. Voici deux recettes de déodorants efficaces, doux et ultra-frais, garantis sans parabènes, sans alcool et sans aluminium. Grâce aux huiles essentielles, vous pourrez modifier leurs parfums à volonté, afin que vos aisselles sentent bon le printemps !

Ingrédients

(pour deux déodorants maison)

2 cuillères à soupe d'huile de noix de coco

3 cuillères à soupe d'arrow-root en poudre

3 cuillères à soupe de cire d'abeille en pépites ou de cire végétale

1 cuillère à soupe rase de bicarbonate de soude alimentaire

10 à 15 gouttes d'HE de votre choix (j'ai choisi celle de lavande aspic, je vous déconseille les HE d'agrumes, photosensibilisantes, et n'oubliez pas de faire le test d'allergie avant la première application)

1. Au bain-marie, faites fondre délicatement la cire avec l'huile de noix de coco.
2. Quand le mélange est bien liquide, retirez du feu et ajoutez aussitôt l'arrow-root, le bicarbonate de soude ainsi que les gouttes d'huile essentielle en remuant la pâte. Le mélange va durcir rapidement, il faut donc immédiatement le verser dans vos sticks vides, c'est l'opération la plus délicate car il ne faut pas laisser de bulles d'air pour remplir au maximum les deux sticks.
3. Laissez prendre quelques minutes à l'air libre, afin que le tout durcisse bien. Votre déodorant est prêt à l'emploi !

Ce déodorant se conserve 6 mois, à l'abri de la lumière et de la chaleur.

DÉODORANT *solide*

Déodorant liquide

Si vous n'aimez pas les déodorants en stick, en voilà un qui s'applique au doigt et qui neutralise les mauvaises odeurs : enfin un antitranspirant qui tient ses promesses ! Il se prépare en quelques secondes, est très économique et facile à transporter. Et bonne nouvelle, il convient aussi bien aux hommes qu'aux femmes. Bref, l'essayer, c'est l'adopter !

Ingrédients

(pour un pot de 200 ml)

40 g de fécule de maïs ou d'arrow-root

65 g de bicarbonate de soude alimentaire

50 g d'huile de noix de coco

10 gouttes d'HE de menthe poivrée ou de palmarosa

10 gouttes d'HE de lavande, d'eucalyptus radié ou de tea tree

1. Faites fondre l'huile de coco, si besoin, au bain-marie dans un petit saladier résistant à la chaleur.
2. Hors du feu, ajoutez la fécule de maïs, le bicarbonate de soude et les huiles essentielles. Remuez jusqu'à obtenir une pâte lisse sans grumeaux.
3. Versez la préparation dans un petit pot en verre. Ne mettez pas au frais sous peine de le voir durcir.

Remarque

Contenant de l'huile de coco, cette pâte durcit quand les températures baissent au-dessous de 24 °C. En hiver, vous pouvez déposer votre déodorant proche d'un radiateur ou le faire refondre au bain-marie pour lui redonner un aspect liquide.

Si vous êtes sensible au bicarbonate, la solution consiste à le remplacer par de l'argile blanche en poudre.

Si vous transpirez beaucoup, utilisez les huiles essentielles suivantes (même dosage, 10 gouttes de chaque) : HE de sauge sclarée et HE de palmarosa.

DÉODORANT *liquide*

GOMMAGE CORPOREL AU MARC DE CAFÉ

Le marc de café est un produit végétal aux multiples utilisations : nourriture à compost, engrais pour jardin ou répulsif à fourmis. Intégré dans une recette de gommage, il devient un excellent exfoliant naturel pour se faire la peau douce et dire adieu aux peaux mortes tout au long de l'année. Cette recette m'a été donnée par mon amie Aurélie, qui m'a un jour offert un pot entier de ce gommage. Depuis, je l'utilise chaque fois que je fais du café à la maison !

Ingrédients

(pour un gommage)

4 cuillères à café de marc de café

2 cuillères à café d'HV (amande, olive, noix)

2 gouttes d'HE de menthe poivrée

1. *Mélangez tous les ingrédients, pour obtenir une pâte humide et granuleuse. Si vous avez pris du marc de café sec et que le mélange est trop épais, n'hésitez pas à ajouter un peu d'huile végétale.*

2. *Sous la douche, une fois votre peau humidifiée, réalisez un gommage en prenant un peu de cette préparation dans votre main et en dessinant des petits cercles sur votre peau. Veillez à toujours éviter les muqueuses.*

3.. *Une fois le gommage effectué, rincez votre corps en frottant bien votre peau sous l'eau chaude afin de faire partir le marc de café. Vous pouvez renforcer l'effet de ce gommage en utilisant un gant exfoliant.*

Faites toujours un test sur une petite partie de votre peau avant d'appliquer ce mélange sur tout votre corps. Si vous êtes sensibles ou allergiques aux huiles essentielles, vous pouvez très bien envisager de réaliser cette préparation sans l'HE de menthe poivrée.

Si vous souhaitez conserver ce gommage, ajoutez un peu d'huile végétale et disposez le produit dans une boîte fermée hermétiquement, à l'abri de la chaleur et de la lumière.

Astuce

Si vous n'aimez pas l'odeur du café, il existe des alternatives naturelles pour remplacer le marc : des amandes ou des flocons d'avoine réduits en poudre ou encore du sucre complet. Le résultat sera tout aussi efficace

GOMMAGE CORPOREL
marc de café

GOMMAGE POUR LES PIEDS

Après une journée bien stressante, un bain de pieds est idéal pour éliminer les mauvaises vibrations de la journée et se détendre en profondeur. Associé à un gommage doux, il vous permettra d'activer en douceur toutes les zones réflexes situées sous votre pied et de trouver le sommeil rapidement, en plus d'avoir les pieds tout doux ! Prenez soin de vos pieds aussi souvent que possible grâce à cette recette simple et naturelle de gommage à base de gros sel.

Ingrédients

(pour un gommage)

3 cuillères à soupe de gros sel

2 cuillères à soupe d'HV

2 gouttes d'HE de menthe poivrée, de citron zeste (ou des zestes de citron frais) et de lavande vraie

1. *Mélangez tous les ingrédients.*
2. *Mouillez vos pieds puis placez-les dans une baignoire ou sur une bassine vide, ou même sur une serviette.*
3. *Appliquez-leur ce gommage en massant chaque zone située au-dessus et au-dessous de chaque pied, jusqu'à la cheville, pendant au moins 5 minutes.*
4. *Rincez à l'eau chaude le gommage puis épongez vos pieds avec douceur.*

Afin de compléter l'action du gommage, vous pouvez, une fois vos pieds exfoliés et secs, appliquer une huile sèche. Si vos pieds sont trop huileux, dormez avec des chaussettes. Au réveil, ils seront doux comme ceux des bébés, votre peau aura profité de la nuit pour absorber l'huile !

Conseils de Sophie, réflexologue

Appliquez avec bienveillance ce gommage doux, en pleine conscience car les mains et les pieds sont les parties les plus réceptives du corps. Faites preuve de gratitude envers vos pieds au quotidien, remerciez-les de vous porter chaque jour, ils sont notre base, notre ancrage à la terre, nos racines nourricières !

Si vous appliquez ce gommage le soir, pensez à bien masser les zones réflexes situées sous vos pieds, orteils compris. Cela vous permettra d'amener la détente, nécessaire au bon fonctionnement de votre organisme et d'avoir ainsi un sommeil plus réparateur.

GOMMAGE *pieds*

Huile anti-cellulite

Certaines femmes sont prêtes à dépenser des fortunes en crème ou en soin robotisé pour faire disparaître cette vilaine peau d'orange qui s'installe sur les fesses et les cuisses sans crier gare. Les marques de cosmétiques surfent ainsi sur la vague et nous promettent chaque année, grâce à un nouveau gel innovant et onéreux, de perdre quelques centimètres de graisse sans bouger le petit doigt... Sachez que les huiles essentielles sont elles aussi efficaces sur la cellulite, associée à d'autres méthodes naturelles et une bonne hygiène de vie. Et bonne nouvelle, elles coûtent trois fois rien et sont 100 % pures et naturelles.
Attention, cette huile ne convient pas aux femmes enceintes ou allaitantes !

Ingrédients

(pour un flacon de 30 ml)

30 ml d'HV de jojoba ou de noyaux d'abricot

20 gouttes d'HE de cèdre d'Atlas et de genévrier

5 gouttes d'HE de géranium rosat

1. *Versez les huiles essentielles dans le flacon d'huile végétale et agitez le tout quelques secondes.*
2. *Appliquez cette huile localement (environ 10 gouttes) une fois par jour, sur les zones à traiter, en effectuant des petits mouvements circulaires. Agitez le flacon avant chaque utilisation.*

Conseils de l'auteure

Pour éviter l'installation de la cellulite, un réglage alimentaire est indispensable, il est bon en effet d'éviter certaines associations alimentaires et certains produits (gras, sucrés ou industriels). Tout est une question de bon sens.

L'activité sportive est toujours salutaire, le corps est fait pour bouger ! Si vous souhaitez affiner votre silhouette, pensez à la course à pied (le jogging à jeun notamment, mais allez-y progressivement), à la natation ou aux boxes pieds-poings, où tous les muscles du corps travaillent.

Connaissez-vous le brossage à sec ? Il s'agit de brosser sa peau avec une brosse à poils durs en respectant un circuit bien précis sur le corps. On commence par les pieds puis l'on remonte vers le haut du corps. Pratiqué 5 minutes par jour, le brossage à sec permet de drainer les toxines et de réduire la cellulite de façon naturelle, en effectuant un drainage lymphatique. De même, il accentue l'élimination des cellules mortes de la peau, ainsi la peau devient plus douce, plus souple et plus lumineuse.

HUILE anti-cellulite

Produits naturels pour corps sain

Huile après-soleil

Le soleil est souvent vu comme l'ennemi numéro un dans les médias. Pourtant, il nous est indispensable pour synthétiser la vitamine D. Prendre des bains de soleil est bénéfique pour la santé, mais comme toute bonne chose, il ne faut pas en abuser ! En cas de coup de soleil, soulagez votre peau avec un peu d'huiles végétales et d'huiles essentielles, plutôt que de vous ruer sur des produits tout prêts mais présentés dans des flacons en plastique.

L'huile de millepertuis est idéale et très douce pour soulager les inflammations mineures de la peau, elle a des vertus adoucissantes, apaisantes, cicatrisantes et régénératrices. Associée aux huiles essentielles de camomille noble et lavande aspic, elle peut aisément remplacer le lait après-soleil. Voici une recette d'huile réparatrice pour la peau des adolescents et des adultes.

Ingrédients

(pour un flacon de 50 ml)

40 ml d'huile de millepertuis

7 ml d'huile d'olive

30 gouttes d'HE de lavande aspic et de camomille romaine

10 gouttes d'HE de géranium rosat et de ciste ladanifère

1. *Dans un flacon en verre teinté, versez les huiles végétales ainsi que les huiles essentielles.*
2. *Fermez le flacon et secouez le tout.*
3. *Appliquez localement sur les coups de soleil, 2 à 3 fois par jour jusqu'à amélioration.*

Conseils de l'auteure

Le soleil est bon pour notre moral et pour notre santé ! Il permet de synthétiser la vitamine D, et par conséquent d'augmenter notre taux de sérotonine (la célèbre hormone du bonheur). De même, la vitamine D agit au niveau des intestins et des reins pour absorber le calcium et ainsi permettre sa fixation sur les os. Cependant, évitez les expositions trop longues en été quand le soleil est au zénith (entre 11 h et 15 h 30). À partir du printemps jusqu'en automne, exposez vos bras et vos jambes deux fois par semaine de 5 à 30 minutes (selon votre type de peau, plus la peau est foncée plus elle a besoin de vitamine D) : cela vous permet d'avoir la dose nécessaire de vitamine D[1].

(1) Holick MF, « *Vitamin D deficiency* », The New England journal of medicine, 2007, n° 357, p. 266-281.

HUILE *après-soleil*

SAVON DE REFONTE

Idéalement, pour un nettoyage du corps minimaliste et zéro déchet, il faudrait laver toute la famille au savon de Marseille ! Cependant, bien que naturel et riche en huile végétale, certaines personnes le trouvent un peu agressif et préfèrent se tourner vers des produits plus doux pour la peau. Pour eux, j'ai trouvé une alternative : le savon de refonte. Un savon de Marseille revisité, parfumé délicatement et enrichi de miel, d'hydrolat de fleurs et d'huile végétale !

Ingrédients

(pour un gros savon ou deux savonnettes)

100 g de savon de Marseille râpé

30 g + 1 cuillère à soupe d'hydrolat de fleur d'oranger

1 cuillère à café de miel liquide

1 cuillère à soupe d'huile d'argan (ou autre HV)

1 moule de taille moyenne ou 2 petits moules

1. Au bain-marie, faites fondre doucement les copeaux de savon dans les 30 g d'hydrolat sans cesser de remuer.
2. Une fois les copeaux de savon fondus, ajoutez l'huile d'argan, le miel et la cuillerée à soupe d'hydrolat restante. Remuez afin d'obtenir un mélange le plus homogène possible.
3. Versez rapidement la préparation dans un moule et laissez sécher 24 heures avant de démouler. Le savon doit avoir bien durci, sinon poursuivez le séchage pendant 12 heures de plus.

Astuce

Si vous n'avez pas de moule à disposition pour couler votre préparation, il est possible d'utiliser un fond de brique de lait ou de crème. Dans ce cas précis, il est indispensable de l'avoir bien nettoyé et rincé avant d'y mouler votre savon.

Afin de conserver votre savon le plus longtemps possible, posez-le après chaque utilisation sur une petite grille en bois ou en métal afin que l'air y circule, dessous et sur les côtés, sans retenir l'humidité. Cela évitera à votre savon de ramollir ou de devenir gluant.

SAVON *refonte*

Des cheveux beaux et bio

Pollution, stress, mauvaise alimentation : nos cheveux sont agressés au quotidien et peuvent devenir ternes ou cassants. Savez-vous que nous en avons entre 100 et 150 au centimètre carré ? Et nous en perdons entre 50 et 100 par jour, un peu plus en automne (comme les arbres) ou après une grossesse. Tout est une question de renouvellement des cycles capillaires.

En naturopathie, on considère que les cheveux sont le reflet de notre vitalité, c'est un indicateur intéressant pour savoir si votre corps est encrassé par trop de toxines par exemple, ou si vous ne savez pas gérer certaines émotions négatives.

Prendre soin de vos cheveux, cela commence donc par une bonne hygiène de vie… le cheveu pousse par la racine, pas par la pointe ! Il leur faut donc une alimentation saine, équilibrée, dépourvue autant que possible de polluants (pesticides). Des cheveux bien nourris de l'intérieur (avec de vitamines, des minéraux, des oligoéléments) seront plus brillants, plus épais et moins gras. Mangez donc tout au long de l'année des légumes crus et cuits à douce température, ainsi que des fruits et des oléagineux (huiles végétales bio extraites à froid, amandes, noisettes, graines de tournesol, etc.). Dites aussi adieu à la cigarette et à la consommation excessive d'alcool !

> En ce qui concerne les soins externes, « il est indispensable de coiffer vos cheveux matin et soir avec une brosse en fibres naturelles pendant de longues minutes afin de bien répartir le sébum sur toutes vos longueurs, ainsi les cheveux seront moins secs aux pointes » comme nous le rappelle si justement Myriam, cogérante d'un salon de coiffure en Bourgogne.

> Il n'est pas nécessaire de se laver les cheveux tous les jours, bien au contraire ! Des shampoings journaliers favorisent la production de sébum. Plus vous shampouinez vos cheveux, plus ces derniers seront gras et plus vous aurez besoin de les laver ! Donc, idéalement, une fois par semaine suffit.

> N'hésitez pas non plus à bien masser le cuir chevelu avec la pulpe de vos doigts pendant au moins une minute quand vous vous lavez les cheveux, pour oxygéner correctement le cuir chevelu grâce à la vascularisation. Pour compléter ce geste, vous pouvez réaliser un gommage de votre cuir chevelu, une fois tous les 15 jours, en le massant avec une noisette de shampoing et du gros sel ou du marc de café. Rincez ensuite abondamment. Cela aura comme double effet de stimuler la microcirculation sanguine et de favoriser la pousse des cheveux.

> Enfin, évitez les gestes qui abîment vos cheveux : séchage au sèche-cheveux, fer à lisser ou à boucler, colorations chimiques ou produits coiffants. Pour conserver une chevelure de rêve, cette rubrique vous propose des recettes simples pour laver, réparer et nourrir vos cheveux de façon naturelle et douce.

Adopter ces recettes au quotidien vous permettra aussi de réduire considérablement vos déchets et votre exposition aux produits chimiques et toxiques.

GEL DE LIN

Mes deux petits garçons ont découvert le gel chez leur coiffeuse et m'en demandent tout le temps pour faire tenir leurs cheveux en houppette. Il a vite fallu que je mette au point une recette de gel maison avant de tomber dans le piège des laques polluantes ou des gels coiffants bourrés de parabènes et d'ingrédients dérivés du pétrole. Ce gel est entièrement composé d'ingrédients naturels, grâce à l'aloe vera, il nourrit les cheveux au lieu de les dessécher. Les huiles essentielles agissent comme conservateur et maintiennent les poux à distance. Bref, un gel léger mais fixant, pour petits et grands.

Ingrédients

(pour un pot de gel)

70 g de graines de lin (brunes ou dorées)

450 ml d'eau

5 gouttes d'HE de géranium rosat ou de lavande vraie

1 cuillère à café de gel d'aloe vera (facultatif)

1. *Faites bouillir les graines de lin dans l'eau pendant une dizaine de minutes, en remuant afin que les graines n'accrochent pas au fond de la casserole, les graines vont produire un mucilage, une sorte de gel épais.*
2. *Laissez tiédir le tout puis filtrez le gel par petites quantités en utilisant un vieux bas propre ou un tissu. Vous pouvez vous aider d'une paire de baguettes chinoises pour extraire le gel du bas ou du tissu en le pressant doucement avec, de haut en bas. Cette opération est un peu longue car difficile mais tenez bon, ce gel est 100 % naturel, rappelons-le !*
3. *Une fois cette opération terminée, ajoutez les gouttes d'huiles essentielles et le gel d'aloe vera, remuez bien. Vous obtiendrez un petit pot de gel.*

Ce gel de lin s'utilise sur cheveux secs ou humides selon le résultat attendu. Une noisette suffit. Grâce à l'huile essentielle qui remplit son rôle de conservateur, ce produit se conserve deux à trois semaines au frais, dans un petit bocal fermé hermétiquement.

Astuce

Si vous souhaitez une excellente fixation, rajoutez une grosse cuillère à soupe de sucre quand l'eau et les graines de lin ont bouilli et laissez-le fondre. Vous pouvez aussi compléter l'application de ce gel par une noisette de beurre de coco réchauffé entre vos doigts, qui viendra nourrir naturellement les pointes de vos cheveux.

GEL lin

LOTION DE RINÇAGE POUR CHEVEUX

L'ortie a de très nombreuses propriétés médicinales et, bonne nouvelle, elle pousse un peu partout tout au long de l'année ! N'ayez pas peur de son côté urticant qui disparaît une fois les feuilles infusées, cuites ou broyées. Cette recette de lotion m'a été donnée par Noëlie Cotteaux, une amie naturopathe qui anime des ateliers autour de l'ortie. Depuis, je l'utilise souvent, car cette lotion donne de la brillance aux cheveux. En plus, l'ortie est réputée pour son pouvoir minéralisant et c'est un remède naturel antichute !

Ingrédients

(pour 1 l)

1 l d'eau plate

2 grosses poignées d'orties fraîches (ou orties séchées)

1. *Jetez les feuilles d'orties dans l'eau froide et portez à ébullition.*
2. *Coupez le feu puis laissez infuser 10 à 15 minutes en couvrant la casserole.*
3. *Laissez refroidir la décoction, filtrez-la puis versez-la dans une bouteille en verre.*

Cette lotion s'utilise en dernière eau de rinçage après votre shampoing traditionnel. Elle se garde au frais deux semaines environ.

Conseils

Vous pouvez ajouter une cuillère à soupe de vinaigre de cidre à cette lotion. Le vinaigre détruit le calcaire et accentue l'effet brillant de ce produit fait maison. De même, l'ajout d'une cuillère à café de prêle en poudre, une plante concentrée en silicium végétal, stimulera la pousse du cheveu, tout comme l'huile essentielle de laurier noble (ajoutez une à deux gouttes à cette lotion et massez bien votre cuir chevelu pour stimuler la microcirculation du cuir chevelu).

Si vous avez le cuir chevelu gras, n'hésitez pas à compléter cette lotion de rinçage avec quelques gouttes d'HE de niaouli, de tea tree ou de patchouli.

LOTION cheveux

MASQUE DÉTOX POUR TOUS TYPES DE CHEVEUX

On connaît tous les masques d'argile appliqués sur la peau, pour réguler le sébum de notre épiderme. Dans ce DIY, je vous propose d'utiliser l'argile autrement que sur le visage en l'intégrant dans une recette de masque capillaire. L'argile permet de revitaliser les cheveux en douceur, pour leur donner encore plus d'éclat et de brillance. L'huile de ricin est un soin naturel incontournable qui permet d'hydrater et de nourrir en profondeur. Que vous ayez les cheveux secs ou gras, cette recette vous permettra de les soigner tout au long de l'année.

Ingrédients

(pour cheveux mi-courts)

2 cuillères à soupe d'argile verte

1 cuillère à soupe d'huile de ricin

2 à 3 cuillères à soupe d'infusion de romarin (cheveux foncés) ou de camomille (cheveux clairs)

1. *Dans un bol en céramique ou en verre, mélangez tous les ingrédients avec une cuillère en bois jusqu'à former une préparation lisse et homogène.*
2. *Ajoutez un peu d'eau si besoin.*
3. *Humidifiez vos cheveux des racines aux pointes, appliquez ensuite ce masque en couche épaisse sur l'ensemble de votre chevelure puis plaquez vos cheveux vers l'arrière.*
4. *Laissez poser 10 à 15 minutes. Rincez à l'eau chaude en veillant à bien rincer l'argile. Faites ensuite un léger shampoing puis séchez vos cheveux comme à votre habitude.*

Vous pouvez appliquer ce masque 1 fois par semaine ou une fois par mois selon leur état (plus ils sont secs, plus l'huile de ricin leur fera du bien).

Ce masque ne se conserve pas, car l'argile risquerait de durcir.

Remarques

Vous aurez peut-être besoin de doubler les proportions de cette recette si vos cheveux sont longs, très épais ou frisés.

Profitez du temps de pose de ce masque pour vous chouchouter et vous faire un autre soin comme un masque pour le visage, un gommage pour le corps ou pour les pieds.

MASQUE cheveux

SÉRUM RÉPARATEUR

Malgré tous les soins que l'on peut apporter à notre chevelure, il arrive que nos pointes deviennent sèches et fourchues, et que nos cheveux manquent de brillance ou de vitalité. Afin d'hydrater les cheveux et de resserrer les écailles de ces derniers, faites une place dans votre routine capillaire pour le sérum hydratant ! Ce soin est aussi simple à appliquer qu'à faire, il nourrit les zones les plus abîmées en profondeur. Précisons que le rinçage de ce produit n'est pas obligatoire, surtout si vous souhaitez froisser votre chevelure pour mettre en relief votre dégradé ou vos jolies boucles.

Ingrédients

(pour 60 ml)

30 g de gel pur d'aloe vera

5 g d'huile d'argan

10 gouttes d'HE d'ylang-ylang

1. *Mélangez tous les ingrédients dans un bol propre.*
2. *Versez le sérum dans une petite boîte en métal, préalablement lavée puis stérilisée (ou un petit pot en verre) et qui peut se fermer hermétiquement.*

Prenez une petite noisette de ce produit, faites-la chauffer dans vos mains puis appliquez le sérum uniquement sur les pointes de vos cheveux, sur cheveux humides ou secs. Laissez sécher le produit naturellement ou laissez poser 5 à 10 minutes avant de rincer.

Ce sérum se conserve un mois à l'abri de la lumière et de la chaleur et permet entre 15 et 20 applications. À tenir hors de la portée des enfants.

Remarques

Ce sérum peut s'appliquer sur n'importe quel type de cheveux et pourra discipliner les fâcheux frisottis. En plus d'être réparateur pour les cheveux, il joue aussi le rôle de protecteur grâce à l'aloe vera. Si vos cheveux sont gras jusqu'aux racines, remplacez l'huile essentielle d'ylang-ylang par celle de sauge sclarée.

SÉRUM *réparateur*

SHAMPOING SEC

Il faut en moyenne 18 litres d'eau pour rincer un shampoing, et si en plus on a les cheveux longs, la consommation d'eau peut vite doubler. Pourtant, on sait que se laver souvent les cheveux favorise la production de sébum. Un vrai cercle vicieux si l'on a déjà les cheveux gras ! La solution : le shampoing sec, un produit miracle qui permet d'espacer les lavages tout en gardant des racines regonflées et en maintenant un beau volume. Le shampoing sec s'applique directement sur les racines et, bonne nouvelle, il convient à tous les types de cheveux.

Ingrédients

(pour 55 g)

2 cuillères à soupe de fécule (de maïs ou de pomme de terre)

1 cuillère à soupe d'argile verte en poudre (surfine)

1 cuillère à café de bicarbonate de soude alimentaire

5 gouttes d'HE de palmarosa ou de lavande

Pour les cheveux foncés : 1 cuillère à café de poudre de cacao cru

1. *Versez tous les ingrédients secs dans un petit contenant en verre.*
2. *Ajoutez les gouttes d'huiles essentielles et refermez le bouchon puis agitez la préparation afin que tous les ingrédients se mélangent bien entre eux.*

Appliquez un peu de cette poudre à la racine de vos cheveux (vous pouvez l'appliquer avec un pinceau blush), massez quelques instants votre cuir chevelu : mettez ensuite la tête vers le bas puis, à l'aide d'une brosse à poils, coiffez votre chevelure en partant de la racine vers vos pointes. L'opération est terminée quand le shampoing sec a disparu et que vos cheveux et racines sont redevenus souples et brillants.

Cette poudre se conserve 12 mois dans un bocal fermé hermétiquement et permet 15 à 20 applications.

Conseils de Myriam, coiffeuse

Le shampoing sec est pratique pour redonner un coup de boost aux cheveux gras, mais aussi aux racines aplaties sous un bonnet de bain ou après les avoir attachés pour faire du sport par exemple. C'est un produit qui peut aussi vous aider à donner de la texture aux cheveux avant de les coiffer en chignon par exemple. De même, il allège les cheveux tout en leur donnant une bonne odeur de propre et de frais, bref un vrai produit de dépannage à garder précieusement dans sa salle de bain !

SHAMPOING *sec*

SHAMPOING LIQUIDE

En ce qui concerne le lavage des cheveux, certains ne jurent que par le no-poo, une méthode qui consiste à ne plus se laver les cheveux avec du shampoing, mais qui demande de passer par une longue phase de désintoxication capillaire où vos cheveux vont devenir gras pendant quelques semaines, avant que le cuir chevelu n'apprenne à s'autoréguler. Si cette méthode vous effraie un peu, vous pouvez essayer de faire vous-même votre shampoing avec des produits naturels comme la recette proposée ici, cela vous évitera de recouvrir vos cheveux de silicone, qui entrent si souvent dans la composition de vos produits chouchous mais qui sont des agents chimiques occlusifs ou agressifs pour le cuir chevelu comme pour les cheveux et pas biodégradables.

Ingrédients

(pour une utilisation, cheveux mi-courts)

1 verre de farine de pois chiche

1 verre d'eau

1 cuillère à soupe de sirop d'agave

1. *Dans un récipient, mélangez la farine de pois chiche, le sirop d'agave et l'eau jusqu'à ce que le mélange soit bien homogène, vous devez obtenir une pâte ni trop liquide ni trop compacte.*
2. *Appliquez cette préparation sur cheveux humides en veillant à bien masser le cuir chevelu pendant au moins une minute, n'oubliez pas les pointes.*
3. *Rincez vos cheveux à l'eau tiède jusqu'à dissoudre toute la pâte. Appliquez ensuite la lotion de rinçage pour avoir des cheveux bien brillants et délicatement parfumés (voir la recette page 70).*

Remarques

Ce shampoing ne mousse pas mais il n'en demeure pas moins très efficace et sans odeur. Une fois rincé, il donne du volume aux cheveux tout en les laissant doux et souples.

Si vous êtes à court de ces ingrédients, vous pouvez délayer 1 grosse cuillère à soupe d'argile verte dans un verre d'eau chaude. Ajoutez à cette préparation 5 gouttes d'huile essentielle de tea tree ou d'ylang-ylang. Mélangez bien. Massez votre cuir chevelu pendant au moins une minute avec cette préparation puis rincez à l'eau tiède. Veillez à ne pas mettre de cette eau argilée dans les yeux, car elle contient des huiles essentielles.

SPRAY BEACH WAVES

Tout le monde n'a pas la chance de vivre à côté de la mer et de bénéficier des embruns pour obtenir une belle chevelure à l'effet décoiffé ! Qu'à cela ne tienne, il existe toujours une solution pour donner un peu de volume et d'ondulations aux cheveux, et ce naturellement. Ce spray est tellement facile à réaliser et à utiliser qu'il vous sera difficile de vous en passer. De plus, grâce à l'huile de coco, ce produit imprègne vos cheveux d'une bonne odeur qui vous rappellera vos dernières vacances à la plage. Autant de bonnes raisons de l'adopter !

Ingrédients

(pour un flacon spray de 300 ml)

1 verre d'eau plate

1 cuillère à café rase de sel de mer fin

1 cuillère à café bombée d'huile de noix de coco, d'huile d'amande ou de jojoba

3 gouttes d'HE de palmarosa, de géranium rosat ou d'ylang-ylang

1. *Faites fondre l'huile de coco au bain-marie si besoin.*
2. *Versez ensuite tous les ingrédients dans un flacon muni d'un spray.*
3. *Laissez tiédir puis agitez le tout énergiquement.*

Renversez votre tête en avant. Appliquez le spray effet décoiffé sur toutes vos longueurs puis froissez vos cheveux avec vos mains. Laissez sécher vos cheveux à l'air libre.

Ce spray se conserve 2 à 3 semaines à l'abri de la chaleur et de la lumière.

Remarques

Le sel rendant les cheveux un peu secs, il est important d'utiliser dans cette recette une petite quantité d'huile végétale, mais l'huile de coco ayant tendance à durcir en dessous de 24 ou 25 °C, je vous conseille de ne l'utiliser qu'en été dans cette recette. Vous pouvez aussi remplacer l'huile de coco par de l'huile de monoï, au parfum si envoûtant, qui est une excellente huile végétale réparatrice pour les cheveux secs. En hiver, choisissez donc une huile végétale liquide , de jojoba ou d'argan.

N'hésitez pas à alterner les huiles essentielles si vous souhaitez parfumer vos cheveux avec d'autres effluves (comme celle de lavandin, de palmarosa, de patchouli, etc.).

SPRAY ÉCLAIRCISSANT

Se faire éclaircir ou teindre les cheveux n'est pas sans conséquence sur la santé. Pas étonnant d'ailleurs que les coiffeurs se mettent de plus en plus au bio car ils appliquent et respirent tout au long de leur vie des produits toxiques. Afin d'éclaircir légèrement ses cheveux, certains produits végétaux font des miracles, comme les fleurs de camomille ou le jus de citron.

Ingrédients

(pour un flacon spray de 500 ml)

1 grosse poignée de fleurs de camomille séchées

1 jus de citron

1 cuillère à soupe de miel liquide

5 gouttes d'HE de pamplemousse

2 verres d'eau

1 cuillère à soupe d'huile d'amande douce

1. *Portez l'eau à ébullition, puis ajoutez-y les fleurs de camomille et laissez infuser pendant 20 minutes hors du feu.*
2. *Filtrez. Ajoutez à votre infusion le jus de citron et le miel.*
3. *Mélangez bien, laissez refroidir puis versez ce liquide dans un flacon muni d'un spray pulvérisateur, ainsi que les gouttes d'huile essentielle.*

Appliquez ce spray sur cheveux propres, secs ou humides, en insistant sur les zones que vous souhaitez éclaircir le plus, puis laissez sécher votre chevelure à l'air libre.

Agitez bien le flacon avant chaque utilisation ! Ce spray se conserve deux semaines au frais.

Remarques

Ce spray est réservé aux cheveux blonds à châtains clairs. Pour accentuer l'action du produit, vous pouvez exposer vos cheveux au soleil juste après l'application de ce spray ou sécher vos cheveux à l'aide d'un sèche-cheveux. La chaleur va en effet accélérer l'action du produit, et le rendre donc plus efficace.

SPRAY éclaircissant

Les essentiels écolo du visage

À force d'entendre tout et n'importe quoi sur les soins à apporter au visage, on finit par se perdre dans la jungle des informations ! On est alors tenté d'adhérer aux discours des grandes marques et nos étagères se remplissent de masques, de sérums, de crèmes, finalement peu voire jamais utilisés.

N'avez-vous jamais connu, dans votre entourage, une personne âgée au teint lumineux, à la peau si lisse et si douce que vous avez aussitôt essayé de lui extirper ses secrets de beauté ? Prête à noircir des pages entières de papier, vous vous êtes sentie bien bête quand elle vous a avoué n'utiliser que du savon de Marseille pour laver son visage et une crème vendue en supermarché pour l'hydrater...

La beauté du visage ne se résumera jamais à l'utilisation de produits cosmétiques ! Il y a bien évidemment le patrimoine génétique à prendre en compte, mais surtout votre hygiène de vie. Une jolie peau, c'est avant tout une peau bien nourrie et suffisamment hydratée (pensez à boire beaucoup d'eau tout au long de la journée et à consommer de nombreux fruits et légumes), une peau bien oxygénée et reposée.

En naturopathie, la peau est considérée comme un émonctoire secondaire (organe servant à l'élimination des déchets de l'organisme), éliminant sueur et toxines. Quand notre corps renferme trop de toxines, cela peut avoir des conséquences cutanées comme l'eczéma, l'acné, etc.

Pour assainir une peau abîmée, il faut envisager une réforme alimentaire, en choisissant les bons aliments, notamment les légumes et les fruits crus (la peau a particulièrement besoin de vitamines, d'antioxydants et de minéraux), en ne surchargeant pas le foie (avec des aliments trop sucrés ou trop gras), en consommant les bonnes huiles végétales (huiles végétales bio première pression à froid, riches en omégas 3 comme l'huile de chanvre ou l'huile de lin), en buvant suffisamment d'eau et, pourquoi pas, en utilisant quelques plantes médicinales drainantes et détoxifiantes. N'hésitez pas à faire appel à un naturopathe pour des conseils individualisés.

Des soins appropriés

En ce qui concerne les soins externes, faisons preuve de bon sens et revenons à la slow cosmétique, consistant finalement à utiliser moins de produits de beauté, moins de produits chimiques et faisant donc preuve de respect envers :

- la peau en lui apportant des soins adaptés, doux et naturels,
- l'environnement, en utilisant des produits bio, en faisant un maximum de produits soi-même pour limiter les déchets et garantir leur traçabilité.

Pour résumer, une peau a besoin d'être…

- Nettoyée, et ce quotidiennement, même si vous ne vous maquillez pas, afin d'enlever les impuretés (sébum, poussières, pollution), avec de l'eau, du savon ou un lait démaquillant doux et un peu gras comme le liniment (voir p. 91). Une fois par semaine, vous pouvez réaliser un gommage pour éliminer les cellules mortes et redonner de l'éclat à la peau tout en favorisant la microcirculation.
- Hydratée, grâce à un soin hydratant bio. Ne pas oublier de bien masser pendant toute la durée de l'application, car en plus de relâcher les tensions, l'automassage facial stimule le réseau sanguin et lymphatique. Résultat : votre teint est plus lumineux, la peau plus souple. Effet antirides garanti !
- Nourrie, avec certaines huiles végétales : quelques gouttes suffisent pour le visage et le cou. Choisissez l'huile en fonction du type de votre peau (huile de bourrache pour peaux matures, huile d'amande douce pour peaux sensibles, huile de jojoba pour les peaux sèches). Mais attention, « pour les peaux grasses, mieux vaut éviter les huiles végétales grasses et privilégier l'hydratation ainsi que l'application de masques d'argile », souligne Blandine Marck, gérante d'un institut de beauté utilisant des produits bio.

Offrez-vous aussi de temps en temps un soin en institut de beauté. Un professionnel pourra diagnostiquer votre peau et vous donner des conseils adaptés, sachant que l'épiderme évolue tout au long de l'année en fonction des agressions externes, de votre état général (stress, fatigue), de votre consommation de tabac, des soins apportés au quotidien et de votre alimentation. De plus, vous y serez beaucoup plus détendue qu'à la maison et, avec un temps de pose plus long, le résultat n'en sera que plus probant.

Ce chapitre est consacré aux soins du visage, il vous aidera à réaliser des produits de beauté plus respectueux de la peau et de l'environnement. Mettez en place une nouvelle routine beauté, en commençant pas à pas, à votre rythme, afin de bien ancrer vos nouvelles habitudes !

Attention cependant, car même des cosmétiques faits maison avec des produits naturels et bio peuvent s'avérer allergènes. Une fois la préparation réalisée, il est donc vivement recommandé de la tester d'abord sur une petite partie de votre peau (comme le pli du coude ou la face interne du poignet) et d'attendre 48 heures afin de vérifier qu'il n'y a pas de réaction allergique. Le conseil est le même si les cosmétiques sont destinés aux enfants.

Bain de vapeur facial

Tout le monde n'a pas la chance d'avoir un hammam à côté de chez soi… Mais qu'importe, il existe d'autres solutions pour se délecter d'un sauna facial et pour permettre aux pores de bien s'ouvrir. Grâce aux bains de vapeur qui stimulent la microcirculation cutanée, l'épiderme est mieux hydraté et le teint devient ainsi plus lumineux. En plus, ils ont un effet très apaisant. Bref, un vrai moment de cocooning pour un résultat rapide et naturel !

Ingrédients

1 gros bol en verre ou en métal

6 gouttes d'HE de lavande, de tea tree ou de ciste ladanifère

1 serviette de bain

300 ml d'eau bouillante

1. *Versez l'eau chaude dans le bol puis ajoutez huile essentielle de votre choix.*
2. *Placez votre visage au-dessus du récipient et entourez-vous d'une serviette. Restez ainsi 5 minutes environ, le visage placé à 10 cm du récipient. Profitez de ce moment pour vous détendre et pour respirer profondément.*
3. *Une fois la fumigation terminée, tamponnez votre visage avec une serviette de toilette propre, puis prolongez votre soin avec un gommage doux et terminez par un masque hydratant.*

Conseils de l'auteure

Avec l'action des huiles essentielles, le bain de vapeur du visage est encore plus efficace, choisissez donc les huiles en fonction de votre type de peau. Si vous avez une peau à tendance grasse, préférez les huiles essentielles de tea tree, de citron, de niaouli, de palmarosa ou d'ylang-ylang. Si par contre votre peau est sèche, préférez l'huile essentielle de lavande vraie ou de rose musquée.

BAIN *vapeur*

Baume à lèvres

Les baumes ou rouges à lèvres sans certification bio peuvent contenir quantité de produits pétrochimiques, et donc des substances toxiques. Cependant, pas besoin de faire l'impasse sur ce produit fétiche, car le réaliser est vraiment enfantin et ne demande que peu d'ingrédients. Une fois sa recette assimilée, vous pouvez le colorer avec des pigments naturels selon la teinte souhaitée et ainsi garder les lèvres souples et hydratées, été comme hiver !

Ingrédients

(pour un petit pot)

5 g de cire d'abeille ou de cire végétale en paillettes

5 g d'huile de noix de coco

15 g d'HV (olive, amande douce, jojoba...)

2 gouttes d'HE de géranium rosat

1 petite capsule de vitamine E (facultatif)

1. Au bain-marie, faites fondre la cire et l'huile de noix de coco dans un petit contenant en verre (ou en métal) résistant aux hautes températures.
2. Une fois la préparation fondue, ajoutez l'huile végétale et remuez le tout. Hors du feu, ajoutez l'huile essentielle (ainsi que le contenu de la capsule de vitamine E, si vous avez décidé d'en ajouter). Mélangez rapidement puis versez la préparation directement dans un tube de rouge à lèvres (vide et stérilisé) ou dans un petit pot qui se ferme hermétiquement.
3. Mettez la préparation au réfrigérateur pendant 20 minutes afin que le mélange se fige rapidement.

Ce baume, à l'abri de la lumière et de la chaleur, se conserve généralement 12 mois. Il est solide, mais est facile d'application, car il se réchauffe au contact des doigts. Attention aux fortes températures qui peuvent rendre les huiles liquides. En été, pensez donc à toujours conserver votre petit pot ou votre tube de baume à lèvres dans un endroit frais.

Astuces

Si vous souhaitez colorer votre baume, voici quelques ingrédients naturels que vous pourrez ajouter en même temps que les gouttes d'huile essentielle : 1 cuillère à café rase de cacao cru en poudre, de la poudre d'hibiscus ou de la poudre de betteraves, un vieux fard à paupières bio écrasé.

Pour des lèvres encore plus douces, pensez à bien les exfolier avec un peu de sucre, d'huile végétale et à l'aide d'une brosse à dents au moins une fois par semaine. Vous pouvez aussi ajouter ½ cuillère à café de miel liquide à la préparation de base.

BAUME lèvres

DENTIFRICES

Prenez au moins une fois le temps de lire attentivement la longue liste de tous les ingrédients qui composent les dentifrices classiques… Avez-vous vraiment envie (et besoin) de mettre tous ces conservateurs, composants chimiques, arômes synthétiques et colorants industriels dans votre bouche ? Si vous n'êtes toujours pas convaincu, pensez à tous ces tubes de dentifrices en plastiques (qui contiennent du bisphénol A) et aux emballages cartonnés qui finissent chaque année dans vos poubelles… Pour redonner le sourire à la planète, voici trois versions de dentifrice bio et faits maison.

DENTIFRICE LIQUIDE

Ingrédients

(pour un pot de 100 ml)

1/2 cuillère à café d'argile verte (surfine)

4 cuillères à café bombées de fécule de pomme de terre

1 pincée de sel de l'Himalaya

Parfum au choix :
1 cuillère à café de fenouil, d'anis, de réglisse, de menthe ou de gingembre réduits en poudre (selon vos goûts)
ou bien 1 goutte d'HE (pour ados et adultes seulement) de tea tree, de clou de girofle, de pamplemousse, de menthe poivrée ou de menthe douce

1. *Remuez tous les ingrédients énergiquement et ajoutez un peu d'eau jusqu'à obtenir la consistance souhaitée. La pâte ne doit être ni trop épaisse, ni trop liquide.*
2. *Appliquez une noisette de pâte sur votre brosse à dents puis procéder au brossage comme habituellement.*

Ce dentifrice se conserve 3 semaines environ dans un contenant en verre ou en métal, fermé hermétiquement.

Si vous êtes pressé

Si vous êtes pressé, la recette la plus rapide consiste à mouiller votre brosse à dents avec du jus de citron puis à la tremper dans du bicarbonate de soude. Vous pouvez ajouter 1 goutte d'huile essentielle de menthe douce pour une haleine fraîche et une noisette d'huile de coco pour un effet antibactérien, et surtout moins abrasif.

DENTIFRICES

Dentifrice en poudre

Ingrédients

(pour un pot de 100 ml)

2 cuillères à soupe d'argile blanche (surfine)

1 pincée de sel

1 cuillère à soupe de bicarbonate de soude alimentaire

Parfum au choix : 1 cuillère à café de plantes séchées en poudre (fenouil, anis, réglisse, sauge, menthe ou gingembre)

1. Remuez tous les ingrédients dans un petit bol puis versez cette poudre dans un contenant que vous pourrez fermer hermétiquement. Les petits pots à épices en verre (avec des trous sur le capuchon) sont parfaits pour accueillir ce dentifrice.
2. Trempez votre brosse à dents dans la poudre, puis procéder au brossage comme habituellement.

Cette préparation se conserve une année sans problème.

Et la brosse...

Faire son dentifrice maison, c'est très bien, choisir une brosse à dents écologique, c'est encore mieux ! Chaque année, plus de 4,7 milliards de brosses à dents en plastique non recyclé et non recyclable finissent dans nos poubelles : un chiffre carrément effrayant ! Autant agir vite en adoptant une brosse à dents recyclable ou faite en plastique recyclé.

Vous pouvez, pour commencer, troquer votre brosse à dents classique et celle de vos enfants avec une brosse à dents à tête interchangeable. Vous garderez le même manche pendant des années. Si vous avez un compost à la maison, préférez les brosses à dents en bambou dont le manche est biodégradable, et petit plus, elles sont sans bisphénol A et véganes avec des poils en nylon !

Les essentiels écolo du visage

Liniment démaquillant

Il est important d'ôter toute trace de maquillage pour laisser sa peau respirer la nuit et pour éviter de vous retrouver transformée en panda au petit matin ! Une peau bien nettoyée le soir, c'est un teint frais assuré le matin, à condition bien sûr d'utiliser des produits doux pour la peau. Les Japonaises, dont le teint de porcelaine est jalousé par la planète entière, ne jurent que par le *layering*, une méthode qui permet de purifier, d'hydrater et de nourrir la peau et qui consiste à se démaquiller avec de l'huile végétale puis à appliquer, sur le visage, différentes couches de produits (lotion, sérum, crème hydratante...).
Si l'idée de vous appliquer de l'huile sur le visage vous rebute un peu, il existe un bon compromis entre le démaquillant traditionnel et la première phase du *layering*, il s'agit du liniment. Un produit doux pour la peau, semi-huileux, donc assez gras pour un démaquillage vraiment efficace.

Ingrédients

(pour un flacon de 400 ml)

200 ml d'eau de chaux (appelée aussi hydroxyde de calcium, elle s'achète en pharmacie ou en boutique bio)

100 ml d'HV d'amande bio

80 ml d'HV bio de noyau d'abricot

20 ml d'huile de ricin

8 gouttes d'HE de géranium rosat

1. *Versez l'eau de chaux dans un saladier. Ajoutez progressivement les huiles végétales en battant au fouet électrique comme pour une mayonnaise, continuez l'opération jusqu'à ce que vous ayez utilisé toute l'huile. Le mélange va devenir crémeux. Ajoutez l'huile essentielle.*
2. *Versez alors la préparation dans un flacon propre et stérilisé et agitez-le avant chaque emploi, car le mélange a tendance à se déphaser.*

Ce liniment s'applique sur le visage, le cou et les yeux à l'aide d'un disque en coton ou un disque lavable.

Ce produit se conserve à l'abri de la lumière et de la chaleur. Pensez à bien le refermer après usage.

Si vous êtes allergique aux huiles essentielles, supprimez-les tout simplement de cette recette.

Conseils de l'auteure

Vous pouvez compléter ce démaquillage en appliquant sur votre visage, à l'aide d'une lingette réutilisable, un hydrolat adapté à votre type de peau (hydrolat de rose si vous avez la peau sèche, hydrolat de tea tree ou de lavande vraie pour les peaux acnéiques, hydrolat de fleur d'oranger pour les peaux matures).

MASCARA

Produit phare de nos trousses à maquillage, le mascara traditionnel a de quoi nous faire tourner de l'œil ! Substances toxiques et cancérigènes entrent en effet dans la composition des mascaras non certifiés bio. De même, ils génèrent des déchets plastiques ni recyclables et ni recyclés. Que de bonnes raisons pour se lancer dans une nouvelle fabrication !
Cette recette, en plus d'intensifier votre regard, viendra nourrir vos cils en profondeur grâce à deux ingrédients naturels et magiques : le gel d'aloe vera et l'huile de ricin.

Ingrédients

(pour un tube de mascara vide et stérilisé ou un petit pot)

1 cuillère à soupe d'huile de ricin (10 g)

1 cuillère à soupe de gel d'aloe vera (12 g)

1 cuillère à café de cire d'abeille (3,5 g)

1 cuillère à café de charbon actif (4 g)

1. Au bain-marie, faites fondre la cire d'abeille dans l'huile de ricin.
2. Quand la préparation est bien lisse et fondue, ajoutez le gel d'aloe vera et le charbon actif, remuez énergiquement. À l'aide d'une seringue, remplissez avec délicatesse votre tube de mascara. Cette manipulation étant un peu difficile, vous pouvez, si vous le souhaitez, conserver votre mascara dans un petit pot.

Ce produit se conserve 2 mois environ.

Conseils de Blandine, esthéticienne

Appliquez votre mascara une fois le maquillage du teint et des yeux terminé. Veillez à ne pas avoir trop de matière sur la brosse afin de ne pas surcharger les cils. Pour bien appliquer le produit et allonger votre regard, commencez par l'extérieur, souvent blanchi par la poudre, puis continuez en brossant l'intérieur, en partant de la base puis en remontant la brosse avec des mouvements de zigzag jusqu'à la pointe de vos cils.

Pour démaquiller vos yeux, le liniment est idéal (voir p. 91) ! Utilisez des disques démaquillants en coton lavable, déposez un peu de produit démaquillant dessus, fermez les yeux puis retirez délicatement le mascara, les yeux fermés, en partant du bas de vos cils vers le haut (comme quand vous vous mettez du mascara). Démaquillez ensuite le dessous de l'œil. N'oubliez pas de rincer votre coton lavable après chaque utilisation.

MASCARA

3 MASQUES DE BEAUTÉ NATURELS

Pour dire adieu au teint brouillé, inutile de vous ruiner ! On peut facilement préparer des masques de beauté adaptés à tous les types de peau avec des ingrédients naturels. Voici trois recettes qui utilisent des produits que vous avez forcément dans vos placards. Si ce n'est pas le cas, faites preuve d'inventivité ou d'audace et appliquez des purées de fruits ou de légumes directement sur votre visage, car ce qui est bon pour l'intérieur l'est aussi pour l'extérieur... non ?

MASQUE AU CURCUMA

Si vous avez la peau un peu irritée, ou à tendance acnéique, ce masque est fait pour vous ! Le curcuma est connu pour ses effets anti-inflammatoires, le miel viendra cicatriser les imperfections. Et cerise sur le gâteau, il a un effet bonne mine garanti !

Ingrédients

(pour un masque)

1 cuillère à café de miel

1 cuillère à café de lait de coco (ou d'eau plate)

1 cuillère à café de curcuma

1 goutte d'HE de ciste ladanifère (facultatif, cette HE est cicatrisante et antirides)

1. *Mélangez tous les ingrédients dans un petit bol puis appliquez sur le visage avec vos doigts.*
2. *Laissez poser 10 minutes environ, puis rincez votre visage à l'eau tiède.*

Attention

Le curcuma est une épice réputée pour ses vertus anti-inflammatoires. Toutefois, n'oubliez pas de tester ce masque sur une petite partie de votre peau (comme le pli du coude, le poignet) afin de vous assurer que vous ne développez aucune réaction allergique.

Ce masque peut tacher les mains et les ongles, il est donc préférable de porter des gants lors de l'application. Il peut aussi tacher les vêtements. Pensez à les protéger avec une serviette placée sur vos épaules avant d'appliquer ce masque.

MASQUES
naturels

MASQUE DÉTOX À L'ARGILE

Profitez des vertus régénérantes et revitalisantes de l'ortie avec un masque qui ne demande que deux ingrédients. Une préparation cosmétique idéale pour les peaux grasses et mixtes.

Ingrédients

(pour un masque)

1 cuillère à soupe d'argile verte

1 cuillère à soupe d'orties sèches réduites en poudre (ou poudre d'ortie piquante)

1 à 2 cuillères à soupe d'eau

1. *Mélangez tous les ingrédients dans un petit bol en verre avec un bâtonnet en bois, puis appliquez sur la peau en couche épaisse.*
2. *Laissez poser 5 minutes, puis rincez à l'eau claire.*

MASQUE AUX ÉPLUCHURES DE CONCOMBRE

Pour changer du traditionnel masque aux rondelles de concombre tout en bénéficiant des vertus décongestionnantes, adoucissantes et apaisantes de ce légume vert, voici le masque antigaspi par excellence !

Ingrédients

(pour un masque)

Épluchures d'un concombre bio

1 cuillère à café de jus de citron bio

1 cuillère à café d'huile argan

1 cuillère à soupe de farine de riz

1 goutte d'HE de carotte (facultatif)

1. *Dans un mixeur, réduisez les épluchures du concombre jusqu'à obtenir une sorte de semoule (n'attendez pas d'obtenir une purée).*
2. *Ajoutez la farine, le jus de citron puis appliquez sur le visage durant 5 à 10 minutes.*
3. *Retirez l'excédent à la main, puis rincez votre visage à l'eau claire.*

Conseils de Blandine, esthéticienne

Avant l'application d'un de ces masques, faites un bain de vapeur sur un visage bien démaquillé, afin de favoriser l'ouverture les pores. Pour compléter l'action du masque, vous pouvez appliquer après ce soin une lotion tonique puis une crème hydratante ou un peu d'huile végétale, selon votre type de peau.

Les essentiels écolo du visage

MASQUE EXFOLIANT

J'ai lu dernièrement une interview de Tata Harper, fondatrice d'une marque de cosmétiques bio outre-Atlantique, affirmant que tout ce qu'il y a de frais dans un frigo peut servir à faire des cosmétiques maison. Bien entendu, il n'est pas question de s'appliquer sur le visage de la moutarde ou de la mousse au chocolat, soyons clairs ! Quand elle parle de produits frais, il s'agit en fait des yaourts, des fruits ou des légumes réduits en purée puis appliqués sur la peau. On a tous d'ailleurs entendu parler des bienfaits des masques de concombre ou d'avocat. N'ayons pas peur d'appliquer sur notre visage les produits de Dame Nature. Ainsi, je vous propose ce soin exfoliant fait maison, un gommage doux réalisé avec des ingrédients que nous avons tous dans nos placards !

Ingrédients

(pour un masque)

1 cuillère à soupe bombée de sucre roux (ou sucre complet, sucre de coco)

1 cuillère à soupe de miel (pour une version végane, vous pouvez le remplacer par du sirop d'érable ou d'agave)

1 cuillère à soupe d'HV (au choix : olive, noisette, amande)

1 goutte d'HE de tea tree si vous avez la peau grasse ou de menthe poivrée pour un effet frais et décongestionnant

1. *Mélangez ces ingrédients afin d'obtenir une pâte avec laquelle vous pourrez masser votre visage (sur une peau bien démaquillée) en formant des petits cercles avec la pulpe de vos doigts, pendant quelques minutes.*
2. *Une fois le soin terminé, il vous suffira de rincer délicatement votre visage à l'eau tiède, de le sécher puis d'appliquer une noisette de crème hydratante ou un masque hydratant. Le gommage permet à tous les principes actifs de mieux pénétrer, car la peau du visage est débarrassée de ses cellules mortes, qui forment une sorte de barrière à la surface de l'épiderme.*

Ce masque ne se conserve pas, car le sucre risquerait de fondre au bout de quelques heures.

À noter...

Le miel est un ingrédient aux propriétés humectantes formidables pour la peau, agissant sur les couches inférieures et superficielles de l'épiderme. C'est pourquoi de nombreuses recettes de produits cosmétiques home made utilisent cet ingrédient. Notez que ce gommage peut être réalisé une fois tous les 15 jours si votre peau n'est pas trop sensible ou irritée, et peut s'appliquer sur le visage ou le corps (en veillant à éviter les muqueuses si vous utilisez des huiles essentielles).

POUDRE LIBRE BRONZANTE

Un léger hâle au naturel ? Tout le monde en rêve, surtout l'hiver quand le teint devient aussi terne que le gris du ciel. Pour le réchauffer et le rehausser d'un bronzage naturel, vous pouvez facilement réaliser vous-même votre poudre bronzante aux produits naturels doux pour la peau. Voici une recette de poudre libre, adaptable à la couleur de votre peau, pour parer cette dernière d'un peu de soleil, même en hiver.

Ingrédients

1 cuillère à soupe de farine de riz, d'arrow-root ou d'argile blanche.

Du cacao cru en poudre

De la cannelle en poudre (facultatif)

1. Dans un bol, versez la farine de riz, puis ajoutez petit à petit un peu de cacao et une pincée de cannelle en poudre jusqu'à obtenir la teinte souhaitée.
2. Veillez surtout à ce qu'il n'y ait pas de grumeaux, si c'est le cas, vous pouvez les écraser avec une fourchette.
3. Si le résultat final vous paraît trop clair, n'hésitez pas à ajouter du cacao en poudre. Si a contrario le résultat est trop foncé, ajoutez un peu d'arrow-root ou de poudre de riz. Si vous avez la peau foncée, ajoutez un peu de curcuma à la recette de base.

Cette poudre se conserve 6 mois à l'abri de la chaleur et de la lumière, dans un récipient fermé hermétiquement.

Attention !

Qui dit naturel ne dit pas sans danger ! La cannelle est une épice qui peut provoquer des brûlures sur la peau, faites donc un test sur une petite partie de votre peau avant toute application de cette poudre, et utilisez la cannelle avec grande modération.

Conseils de Blandine, esthéticienne

Appliquez cette poudre avec un gros pinceau doux sur les pommettes, le nez, le haut du front et le menton. Si votre peau est terne, je vous conseille d'effectuer un masque d'argile rouge et, surtout, il est indispensable de bien savoir choisir votre fond de teint selon votre peau claire, rosée ou dorée. Une mauvaise teinte peut vous donner mauvaise mine. Enfin, le bonheur se voit sur chaque visage et peut illuminer votre teint. Aussi, souriez autant que possible et soyez heureuses !

Conseils de l'auteure

Pour avoir bonne mine toute l'année, misez sur les aliments riches en bêta-carotènes, la célèbre vitamine A. Glissez tout au long de l'année dans votre assiette des légumes colorés. Les jus frais sont excellents, tout comme les soupes ou les smoothies. Et gardez à l'esprit qu'il vaut mieux consommer des fruits et des légumes crus qu'avaler des gélules.

POUDRE bronzante

La trousse bien-être

Le nombre de cancers et autres maladies dites de civilisation (diabète, cholestérol, crise cardiaque) augmente d'année en année. Malgré les pollutions environnantes, nous devons prendre conscience que nous sommes tous responsables de notre santé.

Si nous avons une bonne hygiène de vie, c'est-à-dire en ayant une alimentation équilibrée, une pratique sportive régulière, une bonne gestion de nos émotions (le stress par exemple) et un sommeil de qualité, nous avons plus de chance de rester en bonne santé (en naturopathie, on parle d'homéostasie, l'équilibre parfait de tous les paramètres physiologiques).

Nous avons vu dans les précédentes parties comment éviter les produits toxiques présents dans les cosmétiques et les produits d'entretien et comment prendre soin de notre maison, de notre visage ou de nos cheveux sans utiliser de produits chimiques.

À présent, essayez de prendre soin de vous et de votre famille en utilisant davantage de produits naturels, que certains appellent les recettes de nos grands-mères. Il ne s'agit pas d'arrêter un traitement médical lourd ou indispensable pour votre santé mais plutôt de vous tourner vers les plantes médicinales, des solutions plus naturelles et moins toxiques pour le corps, quand il s'agit de soigner des petits maux sans gravité ou des petites infections qui ne nécessitent pas forcément de prise d'antibiotiques.

Chaque fois que vous appliquez quelque chose sur votre peau pour vous soigner (en cas d'eczéma, d'acné, de bosses par exemple) demandez-vous toujours s'il existe une solution naturelle sans produits de synthèse. N'hésitez pas à en parler avec votre pharmacien, la plupart d'entre eux sont d'ailleurs formés à la phytothérapie.

Dans cette partie, vous trouverez quelques DIY pour prendre soin de votre bébé, de votre corps ou de votre santé. Vous verrez aussi que certains produits sont plus faciles à fabriquer qu'on ne le pense, comme le gel antibactérien ou le baume respiratoire.

Enfin, si vous manquez d'idées de cadeaux pour les prochains anniversaires ou les fêtes de fin d'année, réalisez des cadeaux faits maison ! C'est une excellente façon de prendre soin des gens que vous aimez en leur offrant des produits naturels et écologiques, tout en évitant de tomber dans la véritable frénésie consommatrice !

Baume respiratoire aux 6 huiles essentielles

En hiver, des bronches encombrées peuvent sérieusement nuire à la qualité de notre sommeil. En cas de rhume, de bronchite ou de sinusite, les huiles essentielles sont d'une efficacité redoutable : grâce à leurs 200 principes actifs en moyenne, elles peuvent rapidement dégager les voies respiratoires. Certaines d'entre elles renforcent l'immunité, comme l'HE de ravintsara.

Ingrédients

(pour un petit pot)

25 g d'huile d'olive

5 g de cire d'abeille en paillettes (ou cire végétale)

30 gouttes d'HE de ravintsara

15 gouttes d'HE d'eucalyptus radié

10 gouttes d'HE de menthe poivrée, de lavande officinale et de niaouli

5 gouttes d'HE de cyprès de Provence

1. *Au bain-marie, faites fondre à feu doux la cire d'abeille avec l'huile végétale.*
2. *Tournez avec une petite spatule jusqu'à ce que la cire soit complètement fondue.*
3. *Ajoutez ensuite les huiles essentielles et mélangez la préparation.*
4. *Versez le tout dans un petit pot en verre ou en métal, propre et stérilisé. Placez cette préparation au réfrigérateur et laissez durcir. Sortez alors le baume et fermez le pot avec un couvercle.*

Appliquez une noisette de ce baume sur le thorax, 2 à 3 fois par jour. Ce baume se conserve 5 à 6 mois, à l'abri de la lumière et de la chaleur.

Remarque

Attention, cette préparation est réservée à l'adulte, ne pas appliquer sur des enfants de moins de 12 ans, aux femmes enceintes ou allaitantes. De même, certaines pathologies sont incompatibles avec l'application (même cutanée) des huiles essentielles. En cas de doute, prenez contact auprès de votre pharmacien, d'un naturopathe ou d'un aromathérapeute certifié.

Conseils de l'auteure

Si vous bronches sont encombrées, pensez à boire des tisanes expectorantes et stimulantes pour votre immunité, privilégiez les plantes sèches ou fraîches suivantes : romarin, thym, eucalyptus, bâton de cannelle, réglisse, curcuma, gingembre, sans oublier le citron frais et le miel ! Buvez 3 à 4 tasses de tisane par jour (une grosse cuillère à soupe de plante sèche pour un litre d'eau) jusqu'à amélioration des symptômes. Enfin, évitez tous les produits laitiers pendant quelques jours afin de bien libérer les voies respiratoires.

BAUME *respiratoire*

La trousse bien-être

BRUME D'OREILLER

Nous avons tous connu ce petit vélo qui nous tourne dans la tête avant de nous endormir, nos nuits deviennent un peu plus agitées et les réveils n'en sont que plus difficiles ! Les huiles essentielles sont d'excellents alliés pour apaiser notre système nerveux et pour tomber dans les bras de Morphée avec rapidité. Cette brume d'oreiller a une odeur très agréable et vous aidera à réduire votre stress. Grâce à ses notes délicates de fleur d'oranger et de lavande, elle vous plongera dans une bulle de détente pour vous permettre de retrouver un sommeil profond et réparateur.

Ingrédients

(pour un flacon de 50 ml)

45 ml d'hydrolat de fleur d'oranger

2 cuillères à soupe de vodka

10 gouttes d'HE de lavandin

10 gouttes d'HE de bergamote ou d'orange douce

5 gouttes d'HE de camomille romaine

1. *Versez les gouttes d'HE dans un flacon vide, ajoutez l'hydrolat de fleur d'oranger et la vodka. Refermez le flacon et agitez le tout quelques secondes.*
2. *Vaporisez sur le bord de votre oreiller une demi-heure avant d'aller vous coucher.*

Attention, à ne pas utiliser pour les enfants âgés de moins de 6 ans.

Conseils de l'auteure

Pour faciliter le sommeil, évitez les écrans (ordinateur, portable, tablette, télévision) au moins une heure avant d'aller vous coucher. Mangez léger le soir, des repas trop copieux peuvent avoir des effets néfastes sur la qualité de votre sommeil. En cas de stress prolongé, soyez vigilant quant à vos pensées et pratiquez la psychologie positive !

Une fois bien au chaud dans votre lit, repensez à 5 moments de votre journée pour lesquels vous éprouvez de la gratitude. Revenez à votre respiration. Méditez aussi souvent que possible pour faire le vide dans votre esprit, qui est trop souvent sollicité dans la journée.

Si vos problèmes de sommeil perdurent, pensez à consulter un bon chiropracteur, un étiopathe ou un ostéopathe qui pourra libérer l'influx nerveux grâce à quelques ajustements sur la colonne vertébrale. Les troubles du sommeil peuvent en effet provenir d'une source mécanique (tensions musculo-squelettiques) ou psychosomatique (comme le stress). Une à trois séances peuvent ainsi permettre au corps de s'autoréguler. Pensez aussi à la réflexologie plantaire ou palmaire qui permet, grâce au travail réalisé sur les zones réflexes (qui correspondent à tous les organes, les glandes ou les parties du corps), de lutter contre les dysfonctionnements organiques et de relâcher les tensions.

BRUME d'oreiller

Gel désinfectant pour les mains

Se laver les mains est la meilleure façon d'éviter la propagation de certains germes. Cependant, il n'est pas toujours évident d'avoir un lavabo et du savon à portée de main. Dans ces cas-là, une solution hydroalcoolique est une bonne alternative. Mais les produits vendus dans le commerce peuvent contenir des produits chimiques comme le triclosan (un perturbateur endocrinien) ou encore des éthers de glycol (irritants pour la peau et les yeux). Aussi, autant le faire soi-même ! C'est si facile pour un résultat vraiment efficace, car les huiles essentielles ont des propriétés antiseptiques et antibactériennes avérées.

Ingrédients

(pour un flacon de 30 ml)

25 ml d'aloe vera neutre

4 ml d'alcool

20 gouttes d'HE de tea tree,

10 gouttes d'HE de géranium rosat et de ciste ladanifère

1. *Versez tous les ingrédients dans un flacon.*
2. *Remuez à l'aide d'un bâtonnet en bois ou d'une petite cuillère. Refermez le bouchon.*

Versez une noisette au creux de la main puis frictionnez jusqu'au séchage complet. Rappelons au passage que rien ne vaut un savonnage des mains (pendant une minute) avec de l'eau et du savon pour une action antiseptique efficace. Ce gel s'utilise à partir de 6 ans. Tenir hors de la portée des enfants.

Remarques

L'alcool peut-être irritant, aussi il n'est pas indispensable de l'utiliser dans cette recette. Il est mentionné car il permet à la solution de sécher plus rapidement. Vous pouvez donc vous en passer si vous le souhaitez en rajoutant une cuillère à soupe d'huile végétale au gel. N'hésitez pas non plus à utiliser d'autres huiles essentielles que celles mentionnées dans la recette (ravintsara, lavande vraie, palmarosa). Attention cependant aux huiles essentielles d'agrumes, qui peuvent être allergisantes si vous vous exposez au soleil peu après l'application, et aux HE dermocaustiques.

Conseils de Céline, *étiopathe*

Je reçois de nombreuses personnes à mon cabinet et le lavage des mains est de mise entre chaque patient. Cependant, il est nécessaire d'avoir en plus un gel antibactérien à utiliser pendant les consultations, surtout en périodes d'épidémies. J'ai longtemps utilisé un gel antibactérien tout prêt, vendu en pharmacie. Il est efficace mais à la longue, j'ai constaté que mes mains devenaient sèches voire rugueuses. Ce gel fait maison en plus de sentir bon et d'être efficient, est vraiment doux pour les mains. Il permet de lutter contre les agents pathogènes tout en aidant la peau à rester souple et hydratée.

GEL mains

GEL JAMBES LOURDES

Des jambes légères même en été ? Toutes les femmes en rêvent ! Surtout quand on sait que plus de 70 % des femmes déclarent avoir des problèmes de circulation sanguine, de varices ou de gonflement des parties inférieures du corps. Pour décongestionner les jambes lourdes après une longue journée de travail en position stationnaire ou quand les températures grimpent, voici la solution à appliquer sur les parties lourdes et gonflées : un gel qui soulage les jambes presque instantanément grâce à la synergie d'huiles essentielles.
Cette crème ne convient pas aux enfants, aux femmes enceintes ou allaitantes.

Ingrédients

45 g de gel d'aloe vera

5 ml d'HV

10 gouttes d'HE de cyprès de Provence et d'hélichryse italienne

5 gouttes d'HE de menthe poivrée

3 gouttes d'HE de géranium rosat

1. *Mélangez tous les ingrédients.*
2. *Versez le gel dans une boîte stérilisée, qui peut se fermer hermétiquement.*

Appliquez l'équivalent d'une noix sur chaque jambe (de la cheville vers le haut de la jambe), 2 à 3 fois par jour jusqu'à pénétration complète du produit. Ce gel se conserve 1 mois au frais.

Conseils de l'auteure

En cas de jambes lourdes, pensez à surélever vos jambes en fin de journée afin d'aider le sang à remonter vers le cœur. N'oubliez pas de bien vous hydrater en consommant de nombreux fruits et légumes crus ou cuits à la vapeur douce et en buvant de l'eau ou des tisanes. Marchez, bougez, dansez ! L'activité physique est essentielle pour dilater les artères et mieux irriguer le cœur, elle est bénéfique pour la circulation veineuse. Attention aussi aux vêtements trop serrés qui endiguent la circulation sanguine. Pensez à terminer vos douches par un jet froid, en remontant des pieds vers le haut des cuisses.

L'insuffisance veineuse ne doit pas être traitée qu'en externe avec des crèmes ou des tisanes, il est important de modifier aussi votre terrain et d'envisager une réforme alimentaire. Faites-vous conseiller par un médecin ou un naturopathe pour améliorer votre état de santé.

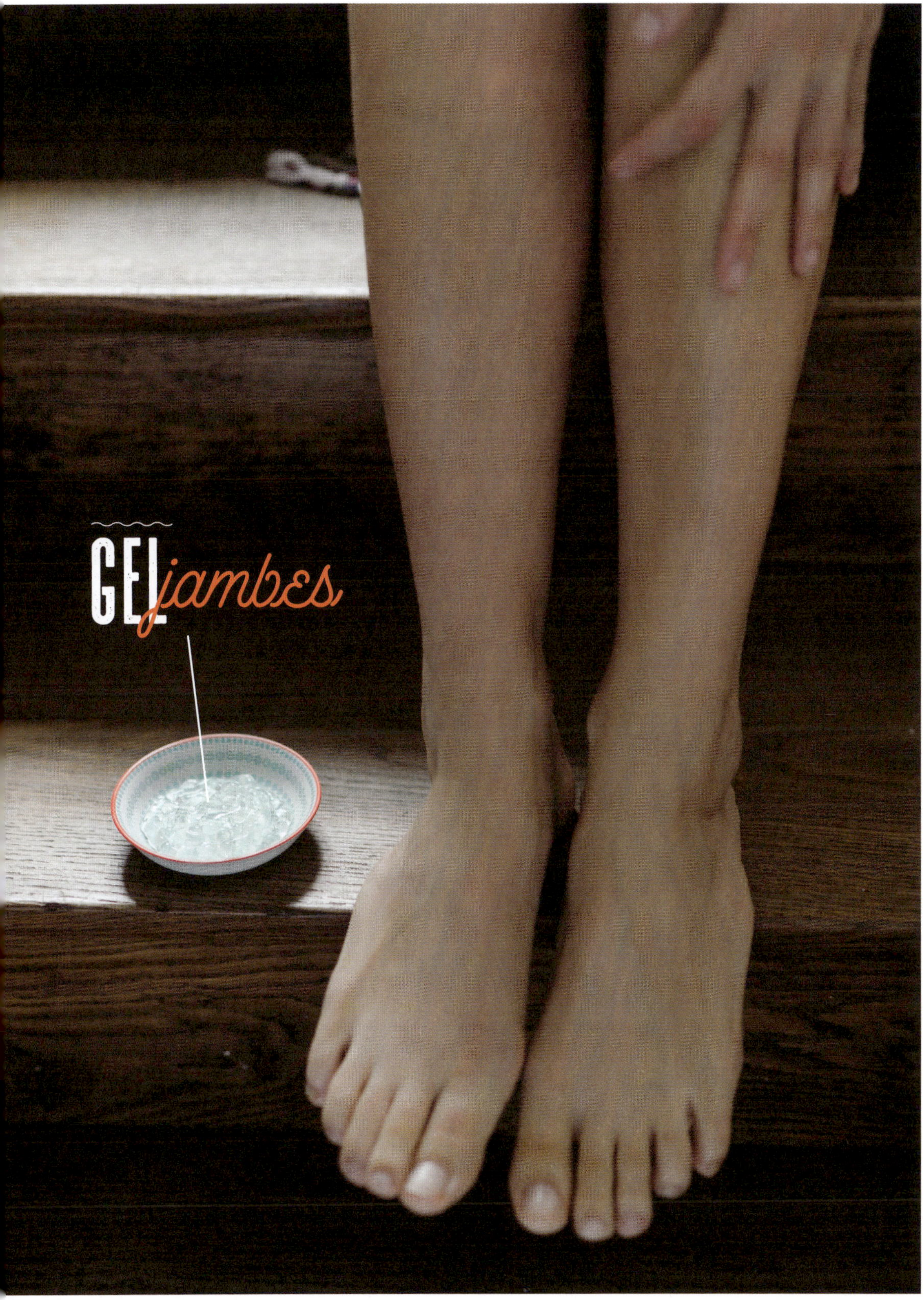
GEL jambes

Huile de massage pour vergetures

Les cicatrices laissées par le temps font parties de notre histoire. Elles nous rappellent les traumatismes et blessures que nous avons su surmonter mais aussi les enfants que nous avons fièrement portés. Toutes les femmes n'assument malheureusement pas leurs vergetures, et sont prêtes à tester toutes les crèmes vendues sur le marché pour les voir disparaître. Aucun miracle n'est cependant possible car ces cicatrices sont irréversibles, mais on peut tout de même les atténuer, comme avec cette recette d'huile de massage faite maison à base d'huiles essentielles réparatrices et régénératrices pour la peau.

Ingrédients

(pour un flacon de 50 ml)

25 ml d'HV d'argan

20 ml d'HV de rose musquée

20 gouttes d'HE de géranium rosat, d'hélichryse italienne et de ciste ladanifère

10 gouttes d'HE de lavande vraie

1. *Dans un flacon, propre et stérilisé, versez les huiles végétales et les huiles essentielles.*
2. *Refermez le flacon puis agitez le mélange afin que les différentes huiles entrent en synergie.*

Appliquez une cuillère à soupe de cette huile deux fois par jour sur les zones à traiter : massez votre peau quelques minutes afin que les différentes huiles pénètrent bien dans la peau.

Conservez ce flacon à l'abri de la chaleur et de la lumière, hors de la portée des enfants. Cette huile de massage est interdite aux femmes enceintes ou allaitantes. Pour ces dernières, veillez à bien vous hydrater en buvant de l'eau et en consommant des fruits et des légumes crus) et à masser votre peau régulièrement avec des huiles végétales pures (rose musquée, argan, huile de coco, etc.), durant la grossesse surtout.

Conseils de l'auteure

Malgré tous les soins qu'elles peuvent apporter à leur peau, rares sont les femmes qui échappent aux vergetures. Certaines apparaissent durant l'adolescence, d'autres pendant la grossesse ou encore durant nos variations de poids. Arrêtez de focaliser sur ces petits détails esthétiques, l'important est d'être bien dans sa peau, de s'accepter telle que l'on est ! Apprenez à vous aimer grâce aux pensées positives, soyez bienveillante envers vous-même jour après jour et stoppez pour de bon cette spirale d'autodénigrement.

HUILE *vergetures*

La trousse bien-être

HUILE SOS BOBOS

Un coin de table bien pointu, une tête en l'air et c'est le bleu assuré… Alors que faire quand on vient de se cogner et qu'on souhaite éviter d'avoir des bosses ou des ecchymoses partout ? Sortir vite son huile SOS bobos bien sûr, pour un effet calmant et anti-inflammatoire immédiat ! Certaines des huiles essentielles utilisées dans ce DIY vous rappelleront la bonne odeur du baume du tigre, mais rassurez-vous, contrairement à ce dernier, cette huile ne contient pas de paraffine issue de l'industrie pétrolière.

Ingrédients

(pour un flacon de 30 ml)

20 ml d'HV de millepertuis

5 ml d'huile d'amande douce

15 gouttes d'HE d'hélichryse italienne et de gaulthérie couchée

10 gouttes d'HE d'eucalyptus citronné

6 gouttes d'HE de lavande vraie officinale

1. *Versez les huiles végétales et les huiles essentielles dans un flacon en verre brun, refermez le flacon et agitez le tout.*
2. *Appliquez sur les zones à traiter en massages légers, 2 à 3 fois par jour.*

Conservez cette huile à l'abri de la lumière, de l'air et de la chaleur. Ce produit se conserve 6 mois dans les conditions évoquées ci-dessus.

Remarque

L'huile végétale de millepertuis est photosensibilisante, aussi évitez toute exposition au soleil après application (attendre 8 heures).

Ce soin d'urgence DIY est parfait pour être conditionné en flacon roll-on, il sera ainsi plus facile à appliquer sur des petites zones de la peau et plus nomade aussi ! Pour un effet froid anesthésiant, n'hésitez pas à conserver cette synergie dans votre réfrigérateur, dans un flacon bien fermé.

Cette huile est réservée aux enfants de plus de 6 ans et aux adultes. Ne pas utiliser chez les femmes enceintes et allaitantes. Ne pas utiliser non plus sur des plaies ouvertes ou infectées. Enfin, ne pas appliquer sur les muqueuses ou les yeux.

HUILE *bobos*

LINIMENT OLÉOCALCAIRE POUR BÉBÉ

Le liniment pour bébé est le produit que je recommande à toutes les mères de mon entourage. Rien de mieux (avec l'eau) pour nettoyer les fesses d'un bébé en douceur, et surtout, c'est un produit miracle quand il a les fesses bien rouges et irritées. Ce produit forme en effet une couche fine et grasse qui isole la peau du bébé de son urine et de ses selles. D'une part ses fesses sont donc mieux protégées, d'autre part, ses selles sont plus faciles à nettoyer.

Ingrédients

(pour 500 ml)

250 ml d'HV bio de très bonne qualité (première pression à froid) : huile d'amande douce (idéalement, mais attention aux allergies), huile d'olive ou de noyaux d'abricot (moins allergène mais plus onéreuse que l'huile d'olive)

250 ml d'eau de chaux (appelée aussi hydroxyde de calcium, elle s'achète en pharmacie et en magasin bio)

1. *Versez l'eau de chaux dans un saladier*
2. *Ajoutez progressivement l'huile végétale en battant au fouet électrique comme pour une mayonnaise, continuez l'opération jusqu'à ce que vous ayez utilisé toute l'huile. Le mélange va devenir crémeux.*
3. *Versez alors le tout dans un flacon (muni d'un spray ou d'une pompe) propre et stérilisé.*

Conservez ce produit à l'abri de la lumière et de la chaleur. Utilisez-le comme n'importe quel lait nettoyant, sur un disque de coton ou un carré de change propre et lavable.

Agitez le flacon avant chaque emploi car le mélange a tendance à se déphaser.

À noter

Le liniment fait maison peut avoir une forte odeur d'huile d'olive (en fonction de l'huile d'olive utilisée, certaines sont nettement plus douces que d'autres), contrairement au liniment acheté dans le commerce. Si vous le souhaitez, vous pouvez réaliser le mélange suivant pour en atténuer l'odeur : 150 ml d'huile d'olive, 100 ml d'huile d'amande douce et 250 ml d'eau de chaux.

Conseils d'Estelle, *naturopathe*

Le liniment peut aussi s'appliquer sur le visage des bébés en cas de sécheresse ou sur des zones touchées par de l'eczéma. Dans ce cas, la peau étant de nature acide, il est bien de faire suivre l'application de liniment (qui est alcalin) par un hydrolat de fleurs (qui est acide) comme celui de lavande vraie, très apaisant, ou de bleuet, calmant. Nul besoin de faire cette étape supplémentaire pour les fesses d'un bébé puisque son urine acide sera neutralisée par le liniment alcalin, ce qui protégera la peau à cet endroit.

LINIMENT *bébé*

Lotion tonique au vinaigre de cidre

Le tonique, appelé aussi lotion pour le visage, permet de nettoyer la peau en douceur et surtout de rééquilibrer le pH de l'épiderme pour que celui-ci maintienne son acidité naturelle et remplisse ses fonctions de barrière cutanée. Le vinaigre de cidre, qui entre dans la préparation, est un produit miracle pour la beauté des cheveux comme de la peau : il tonifie, il est astringent (il resserre donc les pores), il purifie et coûte trois fois rien ! Choisissez-le bio, pasteurisé et sans sulfite. Cette recette de lotion, bien qu'efficace, est très simple à préparer. Elle est idéale pour les peaux un peu grasses à tendance acnéique.

Ingrédients

(pour un flacon de 50 ml)

30 ml d'hydrolat d'eau de rose

15 ml de vinaigre de cidre

5 gouttes d'HE de tea tree ou de petit grain de bigarade

3 gouttes d'HE de ciste ladanifère

1. *Mélangez tous les ingrédients,*
2. *Versez dans un contenant hermétique.*

Utilisez cette lotion le matin ou le soir. Humidifiez un disque en coton bio ou un disque démaquillant lavable et réutilisable, avec la lotion. Appliquez sur tout le visage en évitant les yeux.

Cette lotion se conserve au frais pendant un mois environ.

Conseils de l'auteure

Ce tonique peut aussi vous servir pour faire des saunas faciaux, mais divisez alors le nombre de gouttes d'HE par deux. Il vous suffira de verser un petit verre de ce tonique dans un grand bol puis de compléter avec de l'eau bouillante jusqu'à ce que le bol soit plein. Placez votre visage à 10 cm environ du bol et couvrez votre tête d'une grande serviette de bain. Restez 5 bonnes minutes au-dessus du récipient. Tamponnez ensuite votre visage et appliquez, selon l'état de votre peau, un masque, une huile sèche, du gel d'aloe vera ou une crème hydratante.

Pour les peaux sèches, remplacez l'HE de tea tree par de l'HE de géranium rosat.

LOTION
vinaigre de cidre

SPRAY ANTI-MOUSTIQUES

Les répulsifs anti-moustiques vendus dans le commerce sont hautement toxiques, tout comme la plupart des insecticides. Plutôt que de polluer votre chambre ou celle de vos enfants avec des produits aussi dangereux que peuvent l'être les pesticides, tournez-vous plutôt vers des produits naturels pour éviter les piqûres. Voici deux versions de répulsifs anti-moustiques, l'un avec alcool, l'autre sans. Ils sont efficaces à condition d'en mettre sur toute la peau propre et sèche qui n'est pas protégée par des vêtements.

Ingrédients

Produit répulsif avec alcool

(pour les adultes, un flacon de 10 ml)

3 ml de vodka

3 ml de vinaigre de cidre

3 ml d'eau

20 gouttes d'HE géranium rosat et de citronnelle ou lemongrass

10 gouttes d'HE de tea tree et de lavande vraie

Produit répulsif sans alcool

(pour les enfants à partir de 3 ans, un flacon de 10 ml)

10 gouttes d'HE de lavande vraie, de géranium rosat et de tea tree

9 ml d'HV (d'amande douce ou d'olive)

1. Versez tous les ingrédients dans un flacon muni d'un spray et agitez le flacon avant chaque utilisation.
2. Appliquez ce spray sur la peau et étalez l'huile ou la solution à base d'alcool avec vos mains.

N'oubliez pas de laver vos mains par la suite avec de l'eau et du savon.

Attention

Ne pas utiliser avant ou pendant une exposition au soleil, car les essences d'agrumes sont photosensibilisantes. Ne pas utiliser chez les bébés, les femmes enceintes, allaitantes ou les personnes présentant certaines pathologies.

Conseils de l'auteure

Mélanger plusieurs huiles essentielles permet de rendre le produit encore plus efficace, car les HE vont agir en synergie. En cas de piqûre de moustique, de guêpe ou d'abeille, appliquez directement (en application locale sur la piqûre) de l'huile essentielle de lavande aspic. Si la piqûre vous démange, l'huile essentielle de menthe poivrée (pour adultes et adolescents uniquement) appliquée en petite dose (avec un Coton-Tige) permettra de vous soulager rapidement.

SPRAY *anti-moustiques*

La trousse bien-être

SPRAY ANTI-POUX

Si petits et pourtant si craints des mamans et des papas ! Quand les poux pointent le bout de leur nez à l'école, on a tendance à sortir tout l'attirail chimique pour anéantir au plus vite ces petites bêtes qui nous grattent la tête rien que d'y penser. Certains produits vendus en pharmacie et parapharmacie sont pourtant riches en pesticides, avec des effets neurotoxiques et irritants pour le cuir chevelu des jeunes enfants. Pour se débarrasser des poux, il existe heureusement des solutions naturelles et efficaces, à base d'huile végétale et d'huiles essentielles répulsives. Avec ce spray, les poux déguerpiront du cuir chevelu de vos jeunes bambins en moins de temps qu'il n'en faut pour le dire.

Ingrédients

(pour un spray antipoux, pour les enfants de plus de 3 ans)

15 ml d'huile d'amande douce ou de jojoba

10 gouttes d'HE de lavande fine

4 gouttes d'HE de géranium rosat et de tea tree

3 cuillères à soupe de vinaigre blanc

1. *Versez l'huile végétale dans un flacon vide muni d'un spray.*
2. *Ajoutez les huiles essentielles et le vinaigre blanc, fermez le flacon puis agitez la préparation quelques minutes afin que les huiles essentielles se mélangent aux huiles végétales.*

Vaporisez sur cheveux secs en veillant à bien protéger les yeux de votre enfant. Massez le cuir chevelu afin de bien étaler le produit sur la tête de votre petit chérubin : une chevelure bien huileuse aux racines permettra d'asphyxier les poux. Laissez agir le produit une heure en enveloppant la chevelure de votre enfant avec une serviette de toilette. Passez ensuite le peigne fin anti-poux, puis faites un shampoing doux et rincez les cheveux à l'eau afin de bien rincer l'huile.

Remarques

En prévention, n'hésitez pas à rajouter de temps en temps quelques gouttes d'huile essentielle de tea tree à votre shampoing habituel. Si votre enfant a plus de 3 ans, vous pouvez aussi déposer 1 à 2 gouttes d'huile essentielle de lavande vraie derrière ses oreilles avant qu'il n'aille à l'école. Pour les plus petits, pensez aux hydrolats (de lavande fine par exemple), à vaporiser sur les bonnets, les écharpes et les cheveux !

SPRAY *anti-poux*

TISANE D'ALLAITEMENT

Les tisanes vendues en sachets génèrent beaucoup d'emballages inutiles (comme le plastique ou le carton). C'est pourtant tellement facile de se procurer des plantes séchées en vrac dans les marchés ou chez les herboristes ! Si vous allaitez votre bébé, les tisanes sont idéales pour remplacer le café ou le thé noir, qui comportent deux excitants à éviter dans le lait maternel (la caféine et la théine) et qui sont très acidifiants pour l'organisme. La tisane est un bon compromis, elle permet de maintenir l'hydratation, tout en boostant la production de lait grâce à l'effet galactogène des plantes. Le fenouil sera lui aussi bénéfique, puisqu'il calme les coliques des bébés, tout comme l'anis.

Ingrédients

(pour 100 g)

40 g de graines de fenouil

40 g de graines d'anis vert

20 g de graines de fenugrec

1. *Mélangez toutes ces graines et conservez cette tisane dans une boîte fermée hermétiquement, à l'abri de la lumière et de l'humidité.*
2. *Pour la préparation, versez 1 l d'eau sur 2 cuillères à soupe bien pleines de cette tisane, laissez infuser 5 minutes puis filtrez la boisson. Consommez cette tisane tout au long de la journée, chaude ou froide.*

Conseils d'Estelle, naturopathe

Pour bien allaiter votre enfant, assurez-vous d'être dans un endroit calme, sans courant d'air s'il fait frais, et choisissez la position dans laquelle vous et votre bébé êtes bien confortables.

Ne restez pas seule avec vos questionnements, votre fatigue ou vos douleurs ! De nombreuses associations épaulent les mères pour leurs premiers pas dans l'allaitement maternel comme La Leche League (www.lllfrance.org) ou Solidarilait (www.solidarilait.org). Demandez les contacts à votre gynécologue ou aux sages-femmes voire à la PMI (Protection Maternelle et Infantile). Dans chaque région de France et pays limitrophes, des marraines (mères expérimentées) vous viennent en aide. Il existe également des conseillères en lactation IBCLC diplômées de l'IBLCE (International Board Lactation Consultant Examiners ; c'est un gage de confiance) qui exercent soit en hôpital, soit en libéral. Dans ce dernier cas, elles se déplacent souvent à domicile pour aider les jeunes mères à gérer leurs interrogations et difficultés dans la mise en place ou la poursuite de l'allaitement.

TISANE
d'allaitement

Remerciements

Remerciements de l'auteure

Merci aux éditions Eyrolles, et tout particulièrement à Anne Garcia, de m'avoir confié ce beau projet.

Merci à mon armée d'expertes, qui m'a apporté tant de bonnes vibrations et beaucoup d'inspiration : Alexandra, Sophie, Sabrina, Céline, Estelle, Myriam et Blandine.

Merci à Aurélie Gaullet pour ses nombreux conseils et sa bienveillance.

Merci à mes mannequins bourguignonnes, Marie Bueno et Émilie Plouseau, deux femmes aussi belles de l'intérieur que de l'extérieur.

Merci à Hugo, fondateur de la marque Conouco (www.conouco.fr et www.facebook.com/linbiologique), qui a habillé mes mannequins pour le shooting et nous a prêté de jolis vêtements en lin naturel et made in France pour compléter le stylisme de certaines photos.

Merci à la société Marius Fabre pour les informations transmises et l'envoi d'échantillons de leurs produits.

Merci à toi, Fred, pour ta relecture, tes conseils avisés, ta patience, ton amour et tes encouragements.

Enfin, merci à toi, Florence, d'avoir collaboré avec moi sur ce beau projet. Grâce à ton travail de photographe, toujours juste, précis et poétique, tu as su donner vie à toutes mes recettes. Sans toi, ce livre de DIY serait comme un arbre sans racines. Merci pour cette belle amitié de plusieurs décennies !

Remerciements de la photographe

Un grand et sincère merci à tous ceux qui m'ont toujours accompagnée, avec confiance et un amour infini : mes parents, mes premiers supporters, ma sœur Claire et ma petite tribu, Aidan et Nine, sans conteste mes plus belles réussites. Et Steve, qui ne quitte jamais ni son beau sourire, ni son implacable enthousiasme quand il pose son regard sur moi ou mes projets.

Merci à Marie-France, mon amie, qui finalement n'a jamais été bien loin, malgré les kilomètres qui pouvaient nous séparer.

INDEX

Troisième tirage 2018

Dépôt légal : novembre 2017
Imprimé en France par Sepec - 02672171108
Cet ouvrage est imprimé sur de l'offset 140 g,
papier issu de forêts gérées durablement.

PEFC 10-31-1470 / **Certifié PEFC** / Ce produit est issu de forêts gérées durablement et de sources contrôlées. / pefc-france.org

IMPRIM'VERT®